Xavier

Que ce livre nourrise ta foi,
ton espérance et ta charité.

Yvon Veilleux
17/04/08

Transmettre le flambeau

*Conversation entre les générations
dans l'Église*

Transmettre le flambeau

*Conversation entre les générations
dans l'Église*

ouvrage sous la direction de Marco Veilleux

avec les contributions de
Hélène Pelletier-Baillargeon
Jean-Philippe Perreault
Jacques Grand'Maison
Caroline Sauriol
Élisabeth J. Lacelle

postface de Anne Fortin

FIDES

*Catalogage avant publication de Bibliothèque et Archives nationales
du Québec et Bibliothèque et Archives Canada*

Vedette principale au titre :
Transmettre le flambeau : conversation entre les générations dans l'Église

ISBN 978-2-7621-2859-8

1. Église catholique - Québec (Province). 2. Personnes âgées - Vie religieuse - Québec
(Province). 3. Adultes - Vie religieuse - Québec (Province). 4. Église et le monde.
I. Veilleux, Marco. II. Pelletier-Baillargeon, Hélène, 1932-   .

BX1422.Q8T72 2008   282'.7140905   C2008-940650-8

Dépôt légal : 2ᵉ trimestre 2008
Bibliothèque et Archives nationales du Québec
© Éditions Fides, 2008

Les Éditions Fides reconnaissent l'aide financière du Gouvernement du Canada
par l'entremise du Programme d'aide au développement de l'industrie de l'édition
(PADIÉ) pour leurs activités d'édition.
Les Éditions Fides remercient de leur soutien financier le Conseil des Arts du Canada
et la Société de développement des entreprises culturelles du Québec (SODEC).
Les Éditions Fides bénéficient du Programme de crédit d'impôt
pour l'édition de livres du Gouvernement du Québec, géré par la SODEC.

IMPRIMÉ AU CANADA EN AVRIL 2008

À la mémoire d'Hélène Chénier (1931-2007)
qui affirmait : « *Nous avons le devoir et le droit de
prendre la parole pour annoncer, définir et célébrer
la foi au cœur de notre époque. Cette tâche n'est
aucunement réservée à la seule hiérarchie.* »

Les auteur(e)s

Hélène Pelletier-Baillargeon est journaliste et écrivain. Elle a collaboré à de nombreux journaux et magazines, et dirigé la revue *Maintenant*. Après avoir été membre du Conseil supérieur de l'éducation et conseillère politique du ministre de l'Éducation du Québec, elle se consacre aujourd'hui à l'écriture. Déjà biographe de Mère Marie Gérin-Lajoie, elle poursuit présentement une monumentale biographie d'Olivar Asselin – en cours de publication chez Fides.

Jean-Philippe Perreault est diplômé en théologie de l'Université de Montréal et complète actuellement un doctorat en sciences des religions à l'Université Laval. En parallèle de ses activités de recherche portant principalement sur l'imaginaire religieux des jeunes et sur l'évolution récente du catholicisme québécois, il est engagé dans la rédaction et la publication de *Sentiersdefoi.info*, un journal web indépendant qui s'intéresse aux quêtes de sens contemporaines et aux expériences de foi chrétienne novatrices et alternatives.

JACQUES GRAND'MAISON est depuis des années l'un des observateurs les plus attentifs et les plus respectés de la société et de l'Église québécoises. Prêtre, théologien, sociologue et professeur émérite de la Faculté de théologie de l'Université de Montréal, il est l'auteur d'une quarantaine d'ouvrages. Il a dirigé, au début des années 1990, une vaste recherche-action sur les enjeux sociaux et religieux du Québec contemporain – dont les résultats ont été publiés dans une série de volumes chez Fides.

CAROLINE SAURIOL est ingénieure et consultante en gestion, comptant plusieurs années d'expérience en entreprise privée. Active dans son milieu, elle a œuvré aussi dans plusieurs organismes dont Force Jeunesse et l'Institut du Nouveau Monde, et est actuellement présidente du conseil d'administration du YMCA Grand Montréal. Son engagement concret se double d'une réflexion sociologique sur l'évolution des pratiques et du rapport vécu au travail par les individus, sujet de ses études doctorales.

ÉLISABETH JEANNINE LACELLE est théologienne, diplômée de l'Université Saint-Paul d'Ottawa et de l'Université de Strasbourg. Elle est membre titulaire de l'Académie internationale en sciences religieuses. Professeure à l'Université d'Ottawa, elle y a fondé le Centre canadien de recherche sur les femmes et les religions et a publié plusieurs ouvrages dont *L'incontournable échange – Conversations œcuméniques et pluridisciplinaires* (Bellarmin, 1994). Sa pensée et son action sont marquées par un engagement constant pour une Église, communauté intégrale de femmes et d'hommes. Elle a présidé, de 1982 à 1984, le comité *ad hoc* de la CECC sur *La place de la femme dans l'Église*.

MARCO VEILLEUX est diplômé en théologie de l'Université Laval. Il a été directeur adjoint d'un centre d'éducation de la foi des adultes à Québec, puis rédacteur en chef de la revue *Vie liturgique* (Ottawa). Il a publié une étude sur la vie et l'œuvre de Simonne Monet dans le livre *Les visages de la foi* (Fides, 2003). Il est présentement membre de l'équipe du Centre justice et foi, à Montréal, et rédacteur en chef adjoint de la revue *Relations*.

ANNE FORTIN est professeure à la Faculté de théologie et de sciences religieuses de l'Université Laval. De 2000 à 2006, elle a été la première titulaire de la Chaire Monseigneur de Laval pour l'enseignement et la recherche sur la foi dans la modernité. En plus de son enseignement dans ses champs privilégiés que sont l'anthropologie théologique, la christologie et la théologie fondamentale, elle œuvre à la formation pastorale auprès de différents acteurs des milieux ecclésiaux du Québec. Elle a publié de nombreux textes – incluant des contributions régulières à la revue *Sémiotique et Bible* (Lyon) – et un livre intitulé *L'annonce de la Bonne Nouvelle aux pauvres – Une théologie de la grâce et du Verbe fait chair* (Médiaspaul, 2005).

Présentation

Marco Veilleux, directeur de l'ouvrage

L E PROJET de ce livre a pris naissance à la suite du visionnement d'une soirée Relations[1] dont l'enregistrement m'est tombé entre les mains il y a quelques années. Cette conférence publique, tenue à Montréal le 16 décembre 1985, s'intitulait : « Vatican II confirmé ? » Elle s'inscrivait dans la controverse entourant le Synode extra-ordinaire des évêques qui, cette année-là, s'était réuni à Rome du 25 novembre au 8 décembre et qui avait été convoqué par Jean-Paul II pour souligner le 20ᵉ anniversaire de la clôture du Concile. L'annonce, la préparation et la « réception » de ce synode avaient donné lieu à un vif débat entre (disons-le ainsi pour simplifier) les tenants

---

1   Organisées par le Centre justice et foi – fondé par les Jésuites du Québec en 1983 –, ces soirées de débats publics sont filmées et disponibles pour consultation aux archives de ce centre.

d'une interprétation « progressiste » et les tenants d'une interprétation « conservatrice » de Vatican II.

Chef de file de la seconde tendance, le cardinal Joseph Ratzinger, alors préfet de la Congrégation pour la doctrine de la foi, avait rapidement réussi à orienter l'ordre du jour de cette rencontre. En publiant au printemps 1985 un livre intitulé *Entretiens sur la foi*[2], il avait en effet avancé que la clé de lecture de Vatican II se trouvait dans la définition de l'Église en tant que mystère de « communion ». Cela mettait nettement en sourdine l'autre définition de Vatican II, tout aussi importante et complémentaire : celle du mystère de l'Église en tant que « peuple de Dieu ». Cette volonté d'accentuer de manière unilatérale la perspective de la communion – au détriment de celle du peuple de Dieu – était clairement une option « politique ». En effet, puisque l'ecclésiologie du peuple de Dieu pouvait facilement prêter flanc à des revendications de type démocratique au sein de l'Église, il valait mieux, selon les « conservateurs », mettre l'accent sur l'ecclésiologie de communion. Cette dernière, fruit d'une longue et riche tradition théologique, n'était pas contestée en tant que telle par les

---

2 Entretiens réalisés par V. Messori (Fayard, 1985).

« progressistes ». Ce qu'ils craignaient et critiquaient, c'était plutôt le sort réducteur réservé à cette communion qui, dans les faits, se voyait vite récupérée dans le sens d'une uniformité imposée par un centralisme romain séculaire. Celui-ci – après son apparent et bref recul durant le Concile – revenait alors en force avec ses pires travers. Il vaut la peine ici de longuement citer ce que Jacques Racine disait en 1982, avec une vigueur et une clarté peu communes, au sujet de cette problématique :

La vie interne de l'Église [...] demeure fortement axée sur une théologie tridentine et sur un centralisme romain exacerbé depuis la chute des États pontificaux et la proclamation de l'infaillibilité pontificale à Vatican I. Tout vient de l'autorité qui, elle-même, appuie sa démarche sur ce qui a été fait ou dit antérieurement. Cela donne l'impression d'une Église figée dans le ciment, possesseur d'une vérité immuable qu'il suffit de répéter. Quelques personnes gardent le contrôle absolu de l'interprétation de la Révélation et de sa promulgation aux hommes dans un discours quasi unique. Bien sûr, on accepte de faire jouer aux laïcs et aux simples prêtres le jeu de la consultation ; on ne se met pas à l'écoute de leur expérience. On instaure de multiples conseils ; mais ce ne sont guère encore des lieux où l'on pourrait se former à l'action sociale et à la démocratie. L'Église institution arrive difficilement à appliquer à elle-même les conseils qu'elle formule pour le bien-être des sociétés : liberté d'opinion, respect des droits, circulation de l'information, égalité de l'homme et de la femme, droit d'association et destination universelle des biens, respect des cultures, valeur de chaque être humain, principe de subsidiarité. C'est en ce sens qu'elle devient non signifiante et qu'elle appuie inconsciemment les courants les plus réactionnaires dans la société. Il ne s'agit pas ici d'accuser les hommes en place qui se défendent tant bien que mal et qui font souvent des pieds et des mains pour opérer des ouvertures dans un système fermé. Il faut honnêtement reconnaître les efforts réels des évêques québécois pour être plus attentifs à la vie, pour traduire dans la réalité ce qu'ils perçoivent comme juste et nécessaire ; mais ils sont eux-mêmes bloqués, quoi qu'ils disent, par un système d'autorité monarchique centralisé et fortement contrôlé. Que de questions indiscutables, que d'actions impensables, que d'expériences inimaginables ! Les moindres risques envisagés dans la mise en œuvre de changements commandent un rappel à l'ordre, une mise en garde ou pis encore un retour à la situation antérieure. La créativité doit être étroitement délimitée, les discussions doivent ne porter que sur les détails ; la critique exige d'être bien canalisée, d'autant plus qu'elle a été plus que suffisante au cours des dernières années, dit-on. On dira que nous sommes bien pessimistes. On rappellera que beaucoup d'expérien-ces contraires à ce diagnostic sont réalisées. C'est juste, mais elles demeurent marginales, et la plupart du temps en contradiction directe avec les législations, les énoncés de politique, le système de l'Église catholique romaine. Celle-ci tolère mal l'initiative des Églises locales; elle n'admet pas facilement la diversité d'approche, elle ne fait pas confiance aux niveaux inférieurs même dans les plus menus détails; elle ne croit ni à la collégialité ni à la coresponsabilité. C'est cela qui est inadmissible et qui contredit l'ensemble de son enseignement social et de ses propos sur le développement et sur la dignité de l'homme. Elle fonctionne selon un modèle statique, autoritaire. Elle est allergique à la partici-pation, à la critique, à la recherche, au doute. Ce modèle romain finit par se répercuter dans beaucoup de nos Égli-ses locales et paroissiales[3].

À cette soirée Relations qui rassemblait plus de 300 personnes, on s'interrogeait donc: « L'ouverture critique au monde, l'effort œcuménique et missionnaire inaugu-

---

3   *Situation et avenir du catholicisme québécois,* tome 2 : *Entre le temple et l'exil,* sous la direction de F. Dumont, J. Grand'Maison, J. Racine et P. Tremblay, Leméac, 1982, p. 128-130.

rés par Vatican II sont-ils remis en question? Ou, au contraire, ce synode a-t-il connu le climat de liberté qui avait marqué les débats conciliaires d'il y a vingt ans?» Répondaient à ces questions : le regretté Mgr Bernard Hubert, le politologue français Henri Madelin s.j., le regretté Julien Harvey s.j. (cofondateur du Centre justice et foi) et la théologienne Élisabeth J. Lacelle.

En écoutant à plus de 20 ans de distance les propos de ces illustres conférenciers – propos tenus eux-mêmes 20 ans après la fin du Concile –, je réalisais combien ce synode extraordinaire de 1985 avait été un point tournant[4]. Mon hypothèse est qu'il a marqué, pour plusieurs acteurs et actrices de notre communauté ecclésiale, le moment de rupture des espoirs qui les avaient animés et portés depuis Vatican II. Comme si ce synode représentait l'«enterrement de première classe» de cette reconnaissance de l'«Église locale» – remise en valeur par le Concile – qui avait enthousiasmé tant de croyants et de croyantes d'ici. Ce projet de faire Église «en un lieu»,

---

4   Rappelons également au passage que ce synode survenait après la promulgation, en 1983, du nouveau Code de droit canonique. Celui-ci «verrouillait» bien des voies d'expérimentation prometteuses qui s'étaient jusqu'alors développées dans la foulée du Concile.

c'était, en effet, celui de se sentir toutes et tous, en tant que baptisé(e)s et disciples de Jésus Christ, solidaires et pleinement coresponsables de l'incarnation de son Évangile dans notre milieu. C'était également celui de chercher à servir l'avènement de son Royaume, ici et maintenant, au cœur d'une histoire et d'une culture spécifiques. C'était enfin s'engager dans des pratiques de justice et prendre part aux débats d'une société complexe et en mutation, confiants que l'Esprit guidait notre discernement des « signes des temps » et le dialogue critique de l'Église avec le monde[5]. En visionnant l'enregistrement de cette soirée, j'avais donc le sentiment d'assister au prélude de l'effondrement d'un idéal mobilisateur qui avait dynamisé notre Église depuis les années 1960-1970.

Ce livre a précisément pour objectif de « faire mémoire » du souffle puissant qui traversait la période conciliaire et post-conciliaire. Il veut rappeler l'esprit de toute une génération qui a porté, chez nous, ce projet de réaliser une véritable « Église peuple de Dieu », une « Église

---

5   On ne peut repérer de trace plus éloquente de ce projet et de sa teneur, chez nous, que dans l'ouvrage collectif du début des années 1980 intitulé *Situation et avenir du catholicisme québécois* (tome 1: *Milieux et témoignages*; tome 2: *Entre le temple et l'exil*) cité précédemment.

communion » en tant que Corps du Christ. Alors que les acteurs et les témoins de cette époque se retirent, disparaissent et sont remplacés par des figures aux antipodes de cet esprit et de ce projet, ce livre cherche à favoriser un « passage ». Il veut permettre à des croyantes et des croyants de transmettre, à une nouvelle génération qui lui est solidaire de pensée et de vision, le flambeau de cette tradition ouverte et progressiste du catholicisme d'ici. Un catholicisme qui s'est forgé une identité riche et originale, entre autres grâce à sa confrontation féconde avec les mouvements sociaux et politiques, mais aussi avec l'ébullition théologique, œcuménique, spirituelle, culturelle et démocratique que recèle le dernier demi-siècle.

Pour réaliser cela, il a été demandé à trois aînés d'écrire une lettre à la nouvelle génération. En puisant dans leur histoire de vie et de foi, ces derniers ont été invités à rendre compte de leur vision de l'Église. À travers le récit d'un moment fort de leur parcours d'engagement social et ecclésial, ils ont été conviés à expliciter, afin de les « léguer », leurs motivations, leurs espoirs et leurs convictions profondes. Par le fait même, ils ont indiqué les chantiers inachevés qu'ils aimeraient voir repris et poursuivis par leurs successeurs. Ils signalent donc les principaux défis qui – à leurs yeux – demeurent en suspens.

En écho à ces propos, trois membres de la présente génération en Église se sont donné pour mandat de répondre à ces lettres. Ils ont voulu en « accuser réception » – étape nécessaire dans tout processus de transmission – afin d'éviter que des sources vitales ne se perdent[6]. Ces trentenaires ont réagi aux propos qui leur étaient tenus par leurs prédécesseurs. Ils ont voulu exprimer leurs positions par rapport aux multiples enjeux identifiés par leurs aînés dans la foi. Tout en demeurant dans une attitude de liberté et de fidélité créatrice, ils ont tenté d'expliciter, à leur tour, comment ils comptaient « reprendre le flambeau ». Ils l'ont fait avec un profond sentiment de reconnaissance envers toute une génération de croyantes et de croyants qui a édifié, chez nous, au fil des dernières décennies, une société et une Église renouvelées.

Cet ouvrage doit donc se lire comme une « conversation » entre des catholiques qui, par le truchement d'un

---

6   Gilles Routhier définit la réception comme un « processus par lequel un sujet ecclésial [...] s'approprie, assimile et intègre un bien spirituel qu'il n'a pas lui-même produit et qui lui est offert, jusqu'à y reconnaître son bien propre et à en faire une détermination pour sa vie » (*Vatican II – Herméneutique et réception*, Fides, 2006, p. 139).

échange épistolaire, rendent compte – dans la perspective d'un héritage et d'un projet – de leur vision d'une foi intelligente et critique, incarnée dans la réalité de notre temps et de notre lieu. Alors que les tendances aux replis frileux et conservateurs reviennent en force, cet ouvrage doit se lire aussi comme une volonté de faire œuvre de transmission. Il veut donner la parole à ceux et celles qui ont porté – et qui portent toujours – un projet de catholicisme animé du souffle de liberté de l'Évangile et enraciné dans la tradition vivante de notre foi. Espérons donc que l'Église qui, dans ce livre, « se fait conversation[7] » entre les générations, se manifestera encore à travers d'autres initiatives du genre, favorisant l'échange nécessaire au renouvellement d'un tel projet…

Mes collègues et amis Caroline Sauriol et Jean-Philippe Perreault se joignent à moi pour remercier sincèrement Mesdames Hélène Pelletier-Baillargeon et Élisabeth J. Lacelle ainsi que Monsieur Jacques Grand'Maison pour les témoignages vibrants, inspirés et généreux qu'ils nous livrent ici. Leurs textes sont à lire comme de véritables testaments humains et spirituels. En héritiers et en héri-

---

7   Selon la belle expression de Paul VI dans l'encyclique *Ecclesiam Suam*, n° 67.

tières fièrement inscrits dans leur sillage, nous trois, membres trentenaires de l'Église, pouvons certainement reprendre les paroles de Bernard de Chartres au xiie siècle : « Nous sommes des nains juchés sur des épaules de géants. Nous voyons ainsi davantage et plus loin qu'eux, non parce que notre vue est plus aiguë ou notre taille plus haute, mais parce qu'ils nous portent en l'air et nous élèvent de toute leur hauteur gigantesque. »

Nous remercions aussi Madame Anne Fortin, théologienne de la génération mitoyenne à celle des auteur(e)s de cet ouvrage, d'avoir a accepté de porter, *a posteriori*, un regard réflexif sur cette conversation intergénérationnelle. Enfin, reconnaissance amicale à la théologienne Sophie Tremblay, de l'Institut de pastorale des Dominicains, qui nous a accompagnés dans les premières ébauches de ce projet de livre.

Assumer pleinement
son statut de « dissident »

Hélène Pelletier-Baillargeon

Dans les conditions de diaspora où nous, chrétiens du Québec, vivons présentement notre foi, les occasions de partage sont rares en dehors de celles que nous vivons dans nos communautés chrétiennes respectives. Les occasions de partage intergénérationnel plus rares encore! Votre demande m'a donc agréablement surprise, d'autant plus que la génération de croyants à laquelle j'appartiens a trop tendance à considérer la vôtre comme étrangère au type de quête spirituelle qui demeure centrale dans la vie de la nôtre.

J'y vois, une fois de plus, la mystérieuse vérité de la parole de Jésus dans son discours après la Cène – au chapitre 15 de l'Évangile selon saint Jean – où il affirme: «Ce n'est pas vous qui m'avez choisi, c'est moi qui vous ai choisis [...].» Vérité troublante que cette soif qui vous a saisi, à l'approche de la maturité. Alors que mes quatre enfants, de 35 à 45 ans, pourtant élevés dans une famille chrétienne et militante dans le sillage du concile Vatican II, n'ont pas, jusqu'ici, été l'objet de cette mystérieuse convocation de l'Esprit.

Devant ce fait, j'aime me rappeler « mon » évangile de prédilection : celui des disciples d'Emmaüs (voir Luc 24, 13-35) qui cheminent à côté de Jésus sans le reconnaître, jusqu'à ce que le Ressuscité décide de se laisser brièvement identifier à la fraction du pain. Ces disciples d'avant la « reconnaissance », ce sont mes enfants et leurs contemporains qui vivent les valeurs évangéliques sans les nommer comme telles : par rapport à l'argent, aux démunis, à la justice sociale, au partage, à l'hospitalité, à l'entraide, à la paix, à l'environnement. Je crois que c'est au Christ seul que revient la décision de se laisser « reconnaître » par eux, ou non, comme il l'a fait pour les disciples et comme il l'a fait pour vous. Je comprends maintenant que c'est manquer de foi et d'espérance que de se croire seuls responsables de la foi des autres.

La famille

J'ai vécu mon adolescence et ma jeunesse dans les années 1940-1950, à l'époque qu'on a beaucoup trop vite appelé la « Grande Noirceur ». J'ai hérité d'une foi rebelle que j'ai pu conserver grâce à des parents très axés sur l'Évangile et très critiques vis-à-vis du triomphalisme clérical. Chaque dimanche, au retour de la messe, tout en découpant le rôti dominical, mon père et ma mère décortiquaient le sermon du curé selon ses mérites et ses errements : ils nous présentaient toujours le Dieu Amour, le Père accueillant et miséricordieux au lieu du Juge punitif des homélies les plus courantes à l'époque.

Le quasi-fétichisme de ce que mon père appelait les « dévotionnettes » n'avait guère sa place dans la spiritualité familiale. À ma première communion, alors que mes compagnes recevaient en cadeaux des chapelets de cristal de roche, des crucifix d'ivoire et des bénitiers en porcelaine de Limoges, mes parents m'ont offert… des patins à roulettes ! Si les dérives de la mariologie n'avaient guère la cote dans nos dévotions, en revanche la lecture des passages de l'Évangile régulièrement commentés par nos parents était chose courante.

Nous vivions alors les années de grande frugalité qui ont suivi la crise économique d'octobre 1929. Les pauvres étaient donc nombreux autour de nous, même à l'intérieur de nos familles proches. Nos parents en étaient

extrêmement conscients et tout aussi à l'écoute des
besoins qui se manifestaient autour d'eux. Bien que la
pratique d'une économie quotidienne fût de rigueur à la
maison, nous n'y avons jamais souffert de la faim ou du
froid. Aussi la table était-elle perpétuellement ouverte, et
l'hospitalité simple et courante. Secrètement, pour ne
jamais humilier personne, nos parents procédaient ponctuellement à des dons discrets, parfois en espèces, parfois
en argent – ce dont nous n'avons pris connaissance que
bien des années plus tard. Mais le témoignage est demeuré
gravé en nous comme un incitatif constant.

Les mouvements de jeunesse

Avec l'influence familiale, celle des mouvements de jeunesse a représenté pour moi une école de spiritualité
ouverte où j'ai trouvé l'oxygène qui faisait trop souvent
défaut dans l'institution ecclésiale de mon époque.
Comme j'avais hérité de mes parents une foi questionneuse et passablement critique, j'avais tôt fait de me faire
indiquer la sortie dans les congrégations mariales et les
cercles d'Action catholique où l'on tentait alors d'embri-
gader les « esprits forts ». C'est plutôt dans un mouvement d'inspiration laïque et protestante, le scoutisme (le

guidisme pour les filles), que j'ai trouvé un terreau favorable à ma sensibilité éprise de grande nature.

Bien sûr, au Québec, scoutisme et guidisme étaient pourvus d'aumôniers catholiques, mais la direction était toujours le fait de laïcs ouverts qui ont su m'offrir un relais pour une vie chrétienne épanouie et engagée dans son milieu. La légendaire pratique de la « B.A. quotidienne » a d'ailleurs conduit, aujourd'hui, nombre d'anciens et d'anciennes du mouvement vers l'implication sociale et même politique.

Ces mêmes aumôniers étaient souvent à l'image du mouvement et se recrutaient visiblement parmi les membres d'un jeune clergé qui n'avait rien de sclérosé. Ils savaient innover en matière de liturgie de plein air et substituaient volontiers à l'homélie le « palabre » autour d'un feu de camp où nous partagions nos commentaires d'Évangile sous les étoiles… Saint François d'Assise et son *Cantique des créatures* constituaient nos références favorites ! Beaucoup de ceux et celles qui ont eu la chance de croiser sur leur route de ces « prêtres de choc » pas toujours bien vus de leurs évêques – par exemple, un Père Ambroise Lafortune, un abbé Robert Llewellyn pour le scoutisme et le guidisme, un abbé Raoul Cloutier pour

l'œuvre des terrains de jeux (OTJ) et des camps de vacan-
ces – leur doivent sans doute, comme moi, de n'avoir pas
participé au grand décrochage auquel la plus élémentaire
hygiène mentale contraignait la majorité des jeunes adultes de leur génération.

L'influence de la France et de Mauriac

Plus tard, mes études doctorales à Paris (1957-1959), en
littérature française, m'ont mise en contact avec un catholicisme français très progressiste pour son époque, très
présent au monde étudiant dans une société républicaine
et laïque. L'Église de France – qui avait appris la modestie
à la dure école de 1789 – ne prétendait plus à aucun pouvoir temporel, contrairement au Québec d'alors où elle
dominait encore le système d'enseignement, les soins de
santé, les hôpitaux et les services sociaux.

C'est à Paris encore – à l'occasion des cours de préparation au mariage où je m'étais inscrite avec mon fiancé,
étudiant lui aussi – que j'ai découvert la « filière dominicaine » dans laquelle je me suis inscrite pour ne plus
jamais la quitter. Le projet initial de saint Dominique –
réconcilier foi et intelligence – m'allait comme un gant !
Comme cela me changeait des citations frustrantes de

L'Imitation de Jésus-Christ dont on m'avait si souvent abreuvée au couvent, lorsque je posais trop de questions « impertinentes » sur la doctrine thomiste : « Sachez modérer en vous le désir trop vif de connaître... » Les dominicains français que je rencontrais là encourageaient visiblement cet irrépressible « désir de connaître » dans lequel ils voyaient, bien au contraire, une voie nouvelle pour aboutir au « vif désir » de mieux connaître Dieu. De retour au Québec, je ne fus pas longue à me rebrancher sur la « filière dominicaine ».

Mes études littéraires à Paris portaient sur l'œuvre du romancier et académicien François Mauriac – toujours vivant à l'époque. J'ai eu le privilège de le rencontrer à quelques reprises. De par l'évocation impitoyable qu'il avait faite, dans ses ouvrages, du catholicisme bigot, provincial et moralisateur de son milieu bordelais d'origine, Mauriac comprenait fort bien la sorte de chape de plomb à laquelle tant de jeunes catholiques du Québec étaient si heureux de se soustraire en « s'exilant à Paris » ! Il leur manifestait donc sa compréhension et leur demeurait gentiment accessible. J'ai pu, parmi tant d'autres, en bénéficier.

À l'origine, et faute de connaître davantage les antécédents de l'écrivain, mon intérêt visait exclusivement le romancier Mauriac, créateur d'images littéraires que j'estimais – et estime encore – somptueuses. Les circonstances m'ont révélé un « autre Mauriac », celui du prestigieux rédacteur du *Bloc-Notes* du magazine *L'Express* alors dirigé par le couple légendaire que formaient ensemble les journalistes Françoise Giroud et Jean-Jacques Servan-Schreiber. Tous deux incroyants, les brillants directeurs de *L'Express* estimaient toutefois pertinent d'ouvrir leurs colonnes au catholique affiché qu'était François Mauriac.

C'était l'époque où la France se trouvait déchirée par le drame de la guerre d'Algérie et où se posait, pour elle, la douloureuse question de la décolonisation de son précieux territoire d'Afrique du Nord. Depuis la guerre de 1870, de nombreux colons français – les pieds-noirs (ainsi nommés à cause de la couleur de leurs bottines) – y avaient ensemencé des terres et planté des vignes sur un territoire qu'ils estimaient être leur patrie légitime. Ils avaient pour eux – dans leur résistance à la décolonisation – l'appui de l'armée, des partis politiques de droite et d'une large partie de l'opinion catholique. Or Mauriac était, lui, ce qu'on appelait alors un « catholique de gauche ». Il considérait légitimes les aspirations du peuple algérien qui proclamait avec de plus en plus d'insistance,

entre autres par les actions de son bras armé, le Front de
libération nationale, son désir d'être enfin maître chez
lui. La réflexion de Mauriac était celle d'un écrivain
croyant, profondément engagé dans les combats de son
époque. Déjà, en 1936, il faisait partie de ces catholiques
marginaux – les Jacques Maritain, les Emmanuel Mou-
nier, les Daniel-Rops – qui proclamaient la légitimité de
la République espagnole contre le soulèvement des mili-
taires insurgés du général fascisant Francisco Franco,
défenseur autoproclamé des privilèges de l'Église et béné-
ficiaire de l'appui quasi unanime de la droite catholique.
Ce Mauriac – que je découvrais au cœur d'un Paris au
bord de la guerre civile – m'a en quelque sorte retournée
comme un gant : de ma vision esthétisante de la littérature, j'évoluais à la vitesse grand V vers une approche
engagée et militante du métier d'écrivain. Cette décou-
verte allait opérer la jonction entre l'influence des mouvements de jeunesse, reçue au Québec dans mon adolescence, et celle de ces intellectuels français – qui allait de
Mauriac, Camus et Malraux, jusqu'à Sartre et Beauvoir.
Je commençais déjà à percevoir que ma place allait être
davantage dans la salle de rédaction d'une revue militante
que dans celle d'une salle de cours de littérature.

C'est donc dans cet état d'esprit en pleine évolution que je revins au Québec, quelques semaines à peine après la mort du premier ministre Duplessis et le célèbre « Désormais… » de son éphémère successeur Paul Sauvé. La Révolution tranquille allait peu après s'enclencher. Trop longtemps les tisons avaient couvé sous les cendres : le Québec était mûr pour une belle flambée qui allait prendre, par moments, l'allure d'un saisissant autodafé de nos certitudes anciennes.

La belle aventure de la revue *Maintenant*

Les Dominicains sentent venir le vent. Ils publiaient jusqu'alors la très sérieuse *Revue dominicaine*. Ses lecteurs se recrutaient parmi une élite intellectuelle catholique dont le plus grand nombre des membres appartenaient au clergé ou à diverses communautés religieuses. Pressentant sans doute les grandes intuitions du Concile à venir touchant l'obligatoire présence de l'Église « au monde de ce temps », les Dominicains décident – au début de la décennie 1960 – de transformer leur publication savante en une revue chrétienne d'actualité susceptible d'intéresser un plus vaste lectorat laïque. Pour opérer la transformation souhaitée, ils font appel à un pasteur dynamique qui a fait sa marque à la tête d'une paroisse montréalaise hautement scolarisée (Notre-Dame-de-Grâces) : le Père Henri M. Bradet. Aussitôt promu directeur, Bradet se constitue une équipe composée de plusieurs laïcs. C'est à deux d'entre eux, décédés depuis (Pierre Saucier et le critique d'art Guy Viau), que revient le mérite d'avoir proposé le nom de la nouvelle publication : *Maintenant* – vocable éminemment descriptif de l'orientation souhaitée.

En cette année 1962, Bradet se présente comme un boulimique de littérature et de grands journaux français. Il a la plume facile et imagée. C'est un homme de communication qui intuitionne très bien les attentes du public à conquérir. La revue connaît rapidement un immense succès auprès des catholiques progressistes : elle tire déjà à 10 000 exemplaires.

Mon arrivée à *Maintenant* coïncide avec l'identification de l'un des problèmes pastoraux les plus préoccupants de l'heure : celui des couples laïcs aux prises avec les interdits traditionnels de l'Église touchant le contrôle des naissances. Forts des ouvertures entrevues en France lors de notre séjour parisien, je co-signe avec mon mari médecin quelques articles relatant l'enseignement reçu auprès des Dominicains français. Un célèbre prédicateur de

retraites conjugales, le Père Marcel-Marie Desmarais o.p.,
publie également des textes où il laisse subtilement entendre que les interdits traditionnels de Rome en la matière
auraient probablement besoin de retouches doctrinales
importantes. La revue commence peu à peu à sentir le
soufre! Certains membres plus conservateurs du clergé
québécois s'en alarment. Dans d'autres domaines
d'ailleurs, comme ceux de la liturgie, de l'ecclésiologie et
de la liberté de conscience, Bradet fait parfois figure d'in-
quiétant novateur.

Par l'intermédiaire du nonce apostolique, des dénon-
ciations parviennent jusqu'au supérieur général de l'ordre
dominicain à Rome, à l'époque le très espagnol Père Fernandez, homme peu porté à l'innovation doctrinale. Le
couperet a tôt fait de s'abattre sur la tête de notre directeur qui se voit bientôt limogé de ses fonctions par la plus
haute autorité de son ordre! Au Québec, où son ouverture
d'esprit lui avait valu un immense succès d'estime et la
considération de nombreux journalistes, l'« affaire Bradet », survenant moins de deux ans après la fondation de
la revue, fera couler beaucoup d'encre. Le débat se poursuit de longues semaines entre la droite et la gauche de
l'opinion catholique. À la revue, c'est l'impasse : habituée

à la collégialité, l'équipe de laïcs se solidarise avec son directeur et refuse de poursuivre plus avant la publication du mensuel dont l'orientation l'avait tant séduite au départ.

Rome, en effet, exigeait alors «beaucoup plus de rigueur doctrinale» dans la poursuite de l'expérience *Maintenant*. Davantage pasteur et homme d'action que théologien, Bradet était à cet égard très vulnérable. Le remplaçant que songent alors à nous suggérer les membres du Conseil général des Dominicains canadiens est au contraire bardé de diplômes. Il est rentré depuis peu de l'Université d'Oxford où il a soutenu une thèse remarquée sur... saint Augustin! De quoi, pensent-ils, rassurer pleinement le très conservateur Père Fernandez. De notre côté, le Père Vincent Harvey nous est également connu, mais sous un tout autre angle: non seulement pour son savoir théologique – il a donné quelques excellents articles à *Maintenant* depuis son retour – mais aussi pour ses engagements pastoraux, sa conscience sociale, sa simplicité et sa chaleur dans ses relations avec les laïcs de la revue. L'entente finit par se conclure entre le Conseil de l'ordre et l'équipe démissionnaire: des pourparlers en forme de «négociations» entre clercs et laïcs qui constituent certes une première dans l'histoire de l'Église québécoise.

Sous la direction de Vincent Harvey o.p., et au sein de la merveilleuse équipe de rédaction qu'il a rapidement rassemblée autour de lui, je vivrai les années les plus exaltantes de mon expérience d'engagement ecclésial, années qui constitueront également une intense période d'éducation permanente pour l'intelligence de ma foi, la compréhension des Écritures, le sens du partage évangélique, la connaissance de l'histoire de l'Église et de ses avatars ! La réputation et les contacts privilégiés de Vincent Harvey nous mettaient d'ailleurs fréquemment en relation avec les grands artisans du Concile dont – pour ne nommer que lui – l'inoubliable Père Marie-Dominique Chenu, qui venait périodiquement enseigner au Collège dominicain d'Ottawa et rendre visite à la revue *Maintenant*. Comme Vincent Harvey, le Père Chenu savait se montrer – en dépit de son grand savoir – un pédagogue extrêmement accessible dans les articles qu'il nous donnait. Je conserve précieusement certaines lettres personnelles qu'il m'adressait ponctuellement en réponse aux miennes… Tous les saints ne sont pas sur les autels !

La conjonction, au Québec, de ces deux événements majeurs – le concile Vatican II et la Révolution tranquille – allait créer ici un climat d'effervescence intellectuelle et de créativité inconnu jusque-là au sein de notre génération de croyants. Dans l'Église, tout comme dans la société civile, tout devenait possible, tout restait à faire, à commencer par le vaste chantier de l'éducation! Par exemple, à l'époque où je terminais mes études collégiales, nous étions moins de cent bachelières à obtenir leur diplôme dans tout le Québec. Avec ce chantier-là allaient survenir de puissants débats sur la sécularisation des grandes institutions québécoises, jusque-là dirigées par l'Église. Forte des déclarations du Concile sur l'autonomie du temporel et la nouvelle proposition d'une Église agissant non plus comme puissance dominante des institutions, mais « comme levain dans la pâte », *Maintenant* allait être la première publication catholique – et la seule à l'époque – à soutenir le ministre Paul Gérin-Lajoie dans son projet historique de création du ministère de l'Éducation du Québec.

Après la disparition prématurée de Vincent Harvey, auquel je succéderai en 1972, et celle de la revue, deux ans plus tard, c'est par le relais de la communauté chrétienne Saint-Albert-le-Grand que je poursuivrai mon parcours à l'intérieur de la filière dominicaine. L'objectif de saint Dominique, conjuguer intelligence et foi, m'anime tout autant qu'autrefois et j'y éprouve le même intérêt constant lorsqu'il m'arrive d'animer l'un des colloques de notre Centre culturel chrétien. Je m'y retrouve dans le droit fil de mes engagements de jeunesse : faire advenir, dans la réalité de la vie ecclésiale, les grands projets et les grandes avancées de Vatican II, mis en veilleuse – sinon carrément stoppés – par trop de pontificats pusillanimes et centralisateurs qui ont succédé à celui, si inspirant, du regretté Jean XXIII.

Ce que nous attendons de vous

Cette mise en veilleuse – sinon ce frein – imposé aux avancées salutaires de Vatican II par les éléments les plus traditionalistes de la curie romaine n'a fait que s'aggraver pour les raisons que l'on sait, sous le pontificat d'un pape polonais, déjà conservateur par tempérament et probablement peu averti de l'immense et insidieux pouvoir de la fonction publique vaticane et de ses *combinazioni* : l'ascendant progressif pris sur Jean-Paul II par l'Opus Dei en fait foi ! Le choix de son successeur, par un collège électoral en grande majorité choisi par lui, ne pouvait que perpétuer une ligne de pensée théologique et morale rigide avec laquelle, pastoralement et sur le terrain, nous avions depuis longtemps rompu dans la plupart de nos communautés chrétiennes du Québec.

Telle est donc la situation ambiguë dans laquelle les aînés que nous sommes vous passent désormais le flambeau... Longtemps, nous avons vécu de la conviction d'être, en tant que baptisés, membres de l'Église à part entière. Cette conviction a animé tous nos écrits et nos actions de jeunesse et de maturité. Le Concile nous confirmait dans cette certitude. Celle qui nous habite, en fin de course, c'est paradoxalement celle de voir à l'œuvre, depuis quelques décennies, l'influence des adversaires, voire des fossoyeurs inavoués de Vatican II : mise en veilleuse de la collégialité des évêques, tentative de centralisation de plus en plus poussée du pouvoir aux mains des instances romaines, condamnation de la théologie de la libération, méfiance des avancées de la psychanalyse et de celles du féminisme, exclusion réaffirmée de la femme des ministères ordonnés, perpétuation d'une morale sexuelle décrochée du réel et de la compassion face au sida ne constituent que quelques exemples, parmi d'autres, du vaste mouvement de restauration pré-conciliaire qui ne cesse de s'affirmer à Rome. Les très médiatisées Journées mondiales de la jeunesse (JMJ) ne doivent pas vous faire illusion. Cet énorme Woodstock catholique a mis en scène un pape ovationné, selon le rituel propre à ce genre de rassemblements populaires, par des représentants de votre génération qui, par exemple, ignorent le plus souvent dans leur vie quotidienne tous les interdits pontificaux touchant la cohabitation prénuptiale et la contraception !

La situation actuelle nous conduit inexorablement au choix suivant : ou bien, vous, les jeunes, vous vous jugerez vous-mêmes exclus de l'Église institutionnelle à cause de vos convictions trop souvent opposées aux siennes en diverses matières ; ou bien, au contraire, ainsi que nous, vos aînés, le souhaitons ardemment, vous assumerez pleinement votre statut de « dissidents ». Vous demeurerez alors vous aussi l'« Église » en tant que baptisés, donc de bénéficiaires, comme tout autre baptisé – fût-il pape, cardinal ou évêque –, des lumières de l'Esprit. Car nul ne saurait, sans s'élever indûment au-dessus de ses frères et sœurs dans le Christ, en revendiquer l'exclusivité à cause de sa position hiérarchique.

Telles ont été notre conviction et notre ligne de conduite au cours de notre vie militante au service des grandes avancées théologiques de Vatican II. Et telle est celle que

je souhaiterais si ardemment voir adopter par votre génération avant de quitter cette vie ! L'espoir est là, dans cette
ténacité ; j'en demeure persuadée.

La démocratie dans l'Église

Il est piquant d'avoir vu se succéder les uns après les
autres, depuis la Révolution russe de 1917, les appels de
tous les papes du xxᵉ siècle en faveur de la démocratie
dans les pays soumis au régime communiste, alors que le
mot lui-même de « démocratie » suscite un infini malaise
lorsqu'il est revendiqué ou simplement proposé comme
mode décisionnel à l'intérieur de l'Église catholique ! Que
de fois, les gens de ma génération ne se sont-ils pas fait
répliquer vertement que l'Église, n'appartenant pas « au
monde », ne saurait être une « démocratie ». Pour quelle
forme de gouvernement opte-t-elle alors ? Historique-
ment, c'est indéniablement pour le modèle impérial,
cadeau empoisonné légué par l'empereur Théodose (ivᵉ
siècle) qui fit du christianisme la religion d'État des
Romains, puis d'une foule d'États occidentaux et orien-
taux par la suite.

À la différence des monarchies et des empires « mon-
dains », le pouvoir suprême de l'Église ne pouvait évidemment

pas être héréditaire : célibat oblige ! C'est donc à un collège électoral de « princes de l'Église », nommés par un « souverain pontife » qu'allait revenir la tâche d'assurer la continuité de la charge suprême. Comme le pape choisit également les évêques et que ces derniers nomment à leur tour curés et aumôniers, on voit bien qu'à aucun moment du processus de transmission du pouvoir hiérarchique n'interviennent de consultations électives des simples fidèles, ce qui constituerait évidemment la première assise de la pratique démocratique.

La question démocratique constitue un très ancien nœud gordien qu'il faudra bien finir par trancher dans l'Église, sous peine de voir tous ses fidèles (dont la plupart vivent civilement en démocratie) condamnés, soit à en sortir, soit à devenir à la longue complètement « schizophrènes ». Voilà une des tâches qui vous attendent en tant que « nos successeurs dans la foi ».

Comment, en effet, un laïc normalement constitué de votre génération – et *a fortiori* une laïque – peut-il, ou peut-elle, au cours d'une même année, élire successivement son représentant syndical, son conseiller municipal, son maire, son député et son chef de gouvernement, puis assister, par le truchement de la télévision, à l'élection d'un nouveau pape par une procession d'aînés, tous de sexe masculin et vêtus en costume Renaissance de couleur pourpre? Le tout sans aucun préalable de consultation populaire des membres des communautés chrétiennes.

Pourtant, les rencontres œcuméniques nous ont appris, depuis Vatican II, que « nos frères séparés » – particulièrement les anglicans dont nous sommes censés être « si proches » – votent en maintes circonstances au sein de leur communautés respectives, sans pour autant écorcher l'enseignement évangélique. Saint Paul, dans ses épîtres, prodigue d'ailleurs maints conseils sur les divers critères qui doivent guider les communautés chrétiennes appelées à procéder à l'élection d'un chef (celui de « bon époux et de bon père de famille » serait du nombre).

Que de réticences à vaincre pour en arriver à des pratiques démocratiques dans l'Église catholique! C'est à vous que ma génération confie la tâche de s'y atteler avec la détermination qu'il faudra.

Cherchez la femme!

Pour votre génération qui est tombée de naissance dans l'égalité des sexes (comme Obélix dans la potion magique), l'inégalité vécue dans l'Église à l'égard de la femme doit bien vous faire bouillir par moments ? Tant mieux, car il s'agit là d'une « sainte colère » qui mène à l'action. Car à cette question d'inégalité est intimement liée toute cette cohorte de démons qu'il faudra bien finir par exorciser pour de bon un jour : refus des ministères ordonnés pour les femmes (le diaconat leur était pourtant conféré à l'époque de saint Paul qui en fait foi dans ses épîtres), célibat obligé pour les aspirants au sacerdoce (l'histoire de l'Église des quatre premiers siècles nous apprend – et saint Paul encore le confirme – que des prêtres chefs de communautés et même des évêques étaient souvent mariés et pères de famille), interdit de la contraception et du divorce, assimilation de l'homosexualité à la dépravation et au péché, etc.

Je ne m'étendrai pas sur tous les « sujets scabreux », maintes fois débattus en vain dans l'Église depuis plus d'un demi-siècle ! Mais au fond de chacun de ces litiges, « cherchez la femme », cette Ève tentatrice par qui « le péché est entré dans le monde » ! Cherchez résolument la femme, réhabilitez-là pleinement au nom de Marie-Madeleine, de la Samaritaine, de Marthe et de Marie ; redonnez-lui son plein statut de baptisée et accordez-lui enfin le droit de se prononcer sur toutes ces questions litigieuses qui la concernent de si près sans qu'elle ait jamais eu voix au chapitre. Vous verrez que les femmes les régleront toutes, ces questions, promptement et dans la compassion, la charité, la justice et la transparence évangéliques !

Renouveler le langage

Un autre défi qui attend votre génération : « rendre compte de cette espérance qui est en vous » – selon l'injonction de la première épître de Pierre (3, 15) –, mais à l'aide d'une Parole de Dieu exprimée dans une langue et selon des références culturelles très éloignées de celles de nos contemporains. Ma génération n'a perçu que tardivement l'acuité de ce problème d'acculturation de la Parole de Dieu. Je m'en explique.

Les récits de l'Ancien et du Nouveau Testament ont longtemps fait partie de la culture populaire québécoise au même titre que ses contes et ses légendes. Le sacrifice loupé d'Abraham ; l'histoire de Joseph vendu par ses frères et reconnu plus tard par eux, au faîte de son ascension sociale en Égypte ; Moïse, enfant largué sur le Nil et recueilli dans son panier d'osier par la fille du pharaon ; les récits merveilleux entourant la naissance de Jésus à Bethléem ; les guérisons miraculeuses opérées durant sa vie publique; sa marche sur les eaux; la multiplication des pains et des poissons; le récit bouleversant de sa Passion et de sa Résurrection; sa reconnaissance fortuite par les disciples d'Emmaüs… Tous ces récits ont autant fasciné les enfants de ma génération que les contes de Perrault, d'Andersen et de Madame d'Aulnoy qu'on leur lisait à la même époque. À l'école, le cours d'histoire sainte qui suivait celui du catéchisme, était prisé entre tous par le recours incessant qu'il faisait au merveilleux et à l'imaginaire.

Les textes bibliques n'étaient pas alors directement accessibles aux fidèles – on disait alors que la Bible était à l'«Index». Ces récits nous parvenaient donc sous forme orale ou sous forme de réécriture d'épisodes narratifs empruntant le style du conte. La compréhension qu'on en pouvait avoir ne pouvait être que littérale (ou littéraire pour les sceptiques).

Ce n'est qu'au cours de la Deuxième Guerre mondiale que devait paraître la première édition populaire de l'Évangile, sous le titre de *Faites ça et vous vivrez*. Ce petit livre, vite promis à une carrière de best-seller, fut accueilli avec beaucoup de joie dans les familles de laïcs soucieux de procurer à leur foi une alimentation solide, enfin porteuse de son label d'origine ! Il ne comportait toutefois aucune note de contextualisation ou d'explicitation. Les recherches exégétiques entreprises à l'époque n'avaient pas encore influencé cet publication destinée aux ouailles ordinaires que nous étions.

Après Vatican II et sa Constitution sur la liturgie, les extraits de l'Écriture choisis pour la célébration dominicale se sont mis à nous parvenir directement en français. Les conséquences ont été énormes. Le latin permettait aux prédicateurs de soustraire aux interrogations des fidèles perplexes les passages les plus problématiques en matière d'interprétation. Surtout que la prédication préconciliaire portait souvent davantage sur les questions de discipline et de morale, du paiement de la dîme, de ponctualité aux célébrations ou de la tenue vestimentaire des femmes à l'église, plutôt que sur l'Évangile précédemment proclamé.

Cette proclamation de la Parole en langue vulgaire – tirée de l'Ancien et du Nouveau Testament – pose aujourd'hui des problèmes de taille dans la société rapidement sécularisée qu'est devenu le Québec. Les symboles et les références bibliques ont cessé de faire partie de la culture populaire. Aujourd'hui, des amis incroyants qui souhaitent conduire leurs petits-enfants au musée me demandent des titres d'albums d'histoire sainte pour la jeunesse, afin de les aider à déterminer le sujet des tableaux de maîtres qu'ils se proposent de leur faire voir.

Cette absence contemporaine de références culturelles à la Bible et aux Évangiles pourrait, à première vue, présenter l'avantage de nettoyer l'ardoise des interprétations abusivement littérales qui accompagnaient autrefois la lecture de certains extraits des Écritures saintes. Malheureusement, la restitution de ces textes dans leur intégralité ou simplement une lecture quotidienne, par les fidèles, des passages retenus pour la liturgie du jour soulèvent d'énormes problèmes d'interprétation dont ne peut absolument pas disposer une homélie d'une quinzaine de minutes.

En plein conflit israélo-palestinien, certains extraits du livre de l'Exode et du Deutéronome semblent absolument scandaleux : Dieu lui-même, autoproclamé père aimant de toute l'humanité, aurait donc expulsé ou fait périr les premiers occupants cananéens de la Terre promise pour y faire s'établir en conquérant – au nom de l'Alliance – le peuple d'Israël libéré d'Égypte ? Étonnons-nous, après pareille lecture de l'Alliance, que les faucons de la Knesset y trouvent la pleine justification du sort infligé depuis des décennies aux Palestiniens ? Essayons d'expliquer à de jeunes chrétiens – analphabètes en matière d'exégèse – qu'ils peuvent épouser légitimement la cause palestinienne avec un texte pareil entre les mains...

L'Évangile lui-même est loin d'être exempt de pareils traquenards d'interprétation. Tous ceux et celles d'entre nous qui ont été profondément heurtés par les récentes déclarations du Vatican touchant le caractère « dépravé » de l'homosexualité savent très bien que pareil anathème trouve sa justification dans l'énigmatique promesse de Jésus à Pierre : « Tout ce que tu lieras sur la terre sera lié dans le ciel, tout ce que tu délieras sur la terre sera délié dans le ciel » (Matthieu 16, 19). Encore une fois, ce n'est pas au cours d'un bref commentaire qu'on peut résoudre de pareilles questions.

Le problème de l'interprétation contemporaine de la Bible et de l'Évangile se pose donc avec de plus en plus d'acuité dans les assemblées et les lieux d'évangélisation. Au Québec, nous cherchons encore les mots pour dire notre foi contemporaine à partir de textes anciens qui ont cessé d'être des contes populaires admirables, mais que nous ne manipulons pas encore avec aisance – quand nous ne les escamotons pas carrément, devant les difficultés que pose leur interprétation.

À mon avis, cette question de la transmission du message par les textes compte parmi celles que votre génération aura à résoudre si elle veut, à son tour, s'assurer « une descendance dans la foi ». Il est permis de penser, sans doute, que la transmission de la Parole au sein de petits groupes communautaires plus restreints vous facilitera la tâche. Mais le problème de l'acculturation demeure entier.

Toutefois ma confiance dans l'Esprit me persuade qu'il sera à l'œuvre auprès de vous, en ce début du XXIe siècle, comme il l'a été au cours des 20 autres qui ont suivi l'Incarnation de Jésus, notre frère, vers lequel converge et a convergé la foi de tant de générations successives implantées au cœur de civilisations et de cultures si multiples et si diverses ! À chacune, selon son langage et son époque, ce même Esprit a inspiré les « mots pour le dire ». Pourquoi n'en irait-il pas de même pour nous ? À l'injonction de son Seigneur, rapporte la Bible, « Abraham se mit en route sans savoir où il allait […] ». C'est dans ce cheminement que je vous engage, chers jeunes, et que ma prière d'aînée vous accompagne dans toute la force de l'espérance pascale que nous partageons ensemble avec tant de bonheur.

Que foi et intelligence s'embrassent !

Jean-Philippe Perreault

*L*A SITUATION ACTUELLE *nous conduit inexorablement au choix suivant : ou bien, vous, les jeunes, vous vous jugerez vous-mêmes exclus de l'Église institutionnelle à cause de vos convictions trop souvent opposées aux siennes en diverses matières ; ou bien, au contraire, ainsi que nous, vos aînés, le souhaitons ardemment, vous assumerez pleinement votre statut de « dissidents ». Vous demeurerez alors vous aussi l'« Église » en tant que baptisés, donc de bénéficiaires, comme tout autre baptisé – fût-il pape, cardinal ou évêque –, des lumières de l'Esprit. Car nul ne saurait, sans s'élever indûment au-dessus de ses frères et sœurs dans le Christ, en revendiquer l'exclusivité à cause de sa position hiérarchique.*

HÉLÈNE PELLETIER-BAILLARGEON

Fin de recevoir

Nous n'avons pas l'habitude d'écrire pour recevoir. Nous écrivons pour offrir, pour réconforter, pour divertir, pour influencer... pour transmettre. Signe des temps, le destinataire n'est désormais plus muet. Parce qu'il n'y a plus d'identité qui ne soit qu'héritée, il n'y a plus de destinataire qui ne soit que récepteur. Il est aussi acteur. Il en va de notre condition de moderne : savoir profiter de l'expérience sans être sous l'emprise des traditions, être ouverts à un héritage tant qu'il sert nos projets de vie, conjuguer hétéronomie et autonomie, devoirs et liberté. Certes, il y a toujours des héritages et des héritiers. Cependant, pour prendre l'expression du sociologue français François de Singly, « l'héritier écrit le testament[1] ». Il faut reprendre, questionner, douter, s'approprier. Nous voilà dans une curieuse position : tout en cherchant cette inscription dans une continuité pour s'éviter l'angoisse de l'exproprié, nous trouvons à redire sur ce qui nous est offert. Redire pour se dire.

Sans doute était-ce dans cet esprit que j'ai lu une première fois votre lettre, tout aussi préoccupé par mon

---

1   *Les uns avec les autres – Quand l'individualisme crée du lien*, Armand Colin, 2003.

devoir d'inventaire que par une simple appréciation de ce qui m'était offert dans le récit de votre engagement. Je cherchais des différences, les écarts, les brèches qui me permettraient de dire l'originalité de ma situation et la légitimité de mes défis. Je tentais de marquer mon territoire générationnel. Quelque chose comme la recherche d'une « performance de la réception ».

Ma deuxième lecture fut tout autre. Si je brave ma pudeur, je devrai vous dire que j'ai été touché, ému, rejoint. Par le geste lui-même d'abord. Outre la relation pédagogique formelle, la transmission est souvent discrète, implicite. Soit qu'elle est un allant de soi qui passe inaperçu, soit qu'elle se joue dans la subtilité de discussions de corridor, dans l'échange de tours de main, par des conseils que l'on prend bien soin d'introduire par des « tu en feras ce que tu veux » et autres vernis antimoralistes. Nous prétendons à la démocratie intergénérationnelle, à la coéducation des générations. Par conséquent, lorsque que vous vous adressez à nous en nous racontant et en nous convoquant, nous ne pouvons que nous sentir interpellés, interrogés… attendus.

Ému, touché et rejoint par ce projet de « réconcilier foi et intelligence », j'en ferai dans les prochaines pages le

point de transit entre nos deux réalités ; une correspon-
dance qui annonce une intention de continuité.

Si je devais dire quelque chose de ma foi
Contrairement au vôtre, le paysage religieux et culturel
de mon enfance aurait permis que, « tout en découpant
le rôti dominical, mon père et ma mère [décortiquent] le
sermon du curé selon ses mérites et ses errements ». Tel
ne fut cependant pas le cas. Je viens d'une famille catholique pratiquante, ouverte et libérale à laquelle je dois
beaucoup. Chez nous, comme chez beaucoup de Québécois de la « classe moyenne », les discussions intellectuel-
les n'étaient pas au menu du dîner dominical. La foi se
disait peu, elle se vivait dans la pratique rituelle. Rassu-
rante spiritualité de l'habitude nourrissant une vie simple
et heureuse, somme toute éloignée des questionnements
et de la militance. Quelque chose de la coutume et de
l'accoutumance, de la stabilité et de la suite des choses.
Rien de charismatique ou d'exalté, sans « dévotionnettes », magie ou superstitions. Une foi bien sentie, terre à
terre, en rien rebelle comme celle dont vous êtes l'héritière et la gardienne. Ma quête d'intelligence ne vient pas
de là.

Contrairement au vôtre, le système scolaire dans lequel j'ai évolué ne m'aurait pas demandé de « modérer en [moi] le désir trop vif de connaître ». La question ne s'est simplement pas posée. La foi n'était pas objet de curiosité. Si votre génération garde plusieurs mauvais souvenirs de l'enseignement religieux reçu, la mienne n'en a tout simplement pas – ou si peu. Nous avons été ainsi exemptés de l'exigeant travail d'exorcisation de certains démons. Du coup, nous avons été aussi dispensés des efforts de recherche nécessaires à cette libération. Dans l'opposition et la contestation, il y a de l'approfondissement et de l'appropriation qui permettent la structuration de l'identité. Ce n'est pas là que j'ai développé mon intérêt pour la foi chrétienne et son intelligence.

Tout comme vous, j'ai profité à l'adolescence de mouvements jeunesse qui ont été déterminants. J'ai été fortement impliqué dans des organisations pour lesquelles le spirituel se vivait dans l'affectif, avatars du populaire courant charismatique des années 1970-1980. J'y ai vécu des expériences fondatrices, initiatiques même. J'y ai assumé des responsabilités, développé de la créativité et surtout des amitiés. Mais l'écart entre ce qui se vivait lors d'une fin de semaine de ressourcement et le pays du quotidien a eu raison de mon engagement. À vouloir trop souvent se retirer du monde pour vivre de l'extraordinaire, on risque de finir par refuser l'ordinaire des jours. Et c'est là que la foi chrétienne se joue pourtant : dans le domestique, autour d'une table.

Cette conviction que la foi dont je suis l'héritier ne puisse se vivre hors du monde, je la dois, entre autres, à l'infatigable engagement d'un animateur de pastorale à l'école secondaire. Grâce à lui, j'ai participé à bien plus d'activités de coopération internationale que de temps d'adoration. Et lorsque, à 15 ans, à mille lieux géographiques et culturels de mon petit village lanaudois, on m'a offert dans un geste convivial du pain et du vin, j'ai compris que ce que ma tradition religieuse considérait comme sacré n'était rien de moins que l'usité de l'aventure humaine. Quelques secondes de lucidité tout juste suffisantes pour saisir que la compréhension des grandeurs et des misères des femmes et des hommes de ce temps est une exigence de la foi chrétienne. Si je dois identifier un point d'ancrage au cheminement de foi adulte qui est le mien, il se trouve dans cette eucharistie vécue dans la case d'un hôtel de la Casamance, au Sénégal. Aujourd'hui, je n'ai pas d'autres mots que ceux de Bernard Feuillet : « Si je devais dire quelque chose de ma foi, pour être plus avancé dans la vie et plus proche de ma mort, je reconnaîtrais que je suis plus profondément croyant et que j'ai de moins en moins de croyances. Cette simple évidence me suffit pour être émerveillé : dans ma vie, l'écho de l'infini prend parfois le nom de Dieu, et je suis pacifié [...][2] ».

Fides quærens intellectum

Bien évidemment, nous ne sommes pas seuls à poursuivre cet objectif de « conjuguer intelligence et foi ». Nombre d'érudits et de savants y consacrent leur vie dans les facultés de théologie et de philosophie des grands collèges et universités. En ces lieux que je côtoie, je bénéficie de leurs savoirs et je suis stimulé par leur passion. Toutefois, le récit de votre parcours nous entretient d'une quête qui apparaît portée par un autre souffle, sans doute s'agit-il même d'une autre forme d'intelligence de la foi : engagée, militante, transformatrice. Cet élan qui vous permettra, à la fin de vos études à Paris, de conclure que votre « place allait être davantage dans la salle de rédaction d'une revue militante que dans celle d'une salle de cours de littérature ».

---

2   *L'errance*, Desclée de Brouwer, 1997, p. 22.

Ainsi, votre rencontre avec cet « écrivain croyant, profondément engagé dans les combats de son époque » qu'était François Mauriac est interpellante. La conversion que vous racontez avoir vécue lorsqu'il vous a « retournée comme un gant » en provoquant le passage d'une « vision esthétisante de la littérature » à une « approche engagée et militante du métier d'écrivain » questionne à son tour ma propre démarche de recherche, tout autant que les tendances que l'on peut observer des milieux intellectuels ces temps-ci. La théologie québécoise a su se développer au cours des dernières années, bénéficiant notamment de ses dialogues et emprunts aux sciences humaines et sociales ainsi que d'une concurrence stimulante avec les jeunes sciences des religions. Les populations étudiantes se sont diversifiées, de nouveaux champs de recherche se sont développés, les savoirs se sont multipliés. Si, par sa rigueur et sa créativité, la théologie a su gagner le débat sur sa légitimité et sa place dans l'univers scientifique, elle en ressort par ailleurs fragmentée et souvent plus éloignée des débats ecclésiaux. Il est plus difficile d'en saisir le projet. Pour certains, sa fonction est de maintenir un pôle critique à l'intérieur de la tradition et de l'institution. Pour d'autres, elle est tout simplement une discipline en sciences humaines étudiant le phénomène religieux dans une approche confessante, soumise à une objectivité particulière et en constant dialogue avec les sciences sociales, l'anthropologie, l'histoire, l'archéologie et la philosophie. Et ne parlons pas de ceux pour qui elle ne sert qu'à reproduire la tradition sans la questionner, à transmettre les enseignements immuables du magistère.

Il est ainsi facile d'oublier ce qui a enclenché la marche, la recherche. Je dois avouer avoir de la peine parfois à saisir l'objectif de ma propre démarche, alors que, pour vous, la théologie et l'ecclésiologie dans lesquelles s'enracine votre engagement semblent si évidentes. J'en suis envieux.

Et puis, si l'on prend au sérieux le projet de saint Dominique de « réconcilier foi et intelligence », ou encore la définition devenue classique de l'acte théologique proposée par saint Anselme au xıᵉ siècle – « la foi quêtant l'intelligence » –, il nous faudra nécessairement être en mouvement, en marche, en engagement. Dans ces expressions, la rencontre de l'intelligence et de la foi n'est possible que dans l'action de la réconciliation ou de la quête. Le sociologue québécois de la religion Raymond Lemieux propose de riches considérations étymologiques à ce propos. S'il est habituellement traduit par « chercher », « être en quête », le latin *quærere* a donné naissance à plusieurs vocables : « question », bien sûr, mais aussi « chérir », « guérir », « quérir » et « aimer » (*querer* en espagnol). « La foi en quête d'intelligence, n'est-ce pas alors tout aussi bien la foi aimant l'intelligence, la foi guérissant l'intelligence » comme dira Lemieux[3] ? Une foi qui chérit l'intelligence, voilà ce dont votre récit témoigne de manière éloquente. Et voilà ce qui trouve écho en moi.

Intelligence et marginalité

Vous soulignez dans votre texte que votre engagement, notamment à la revue *Maintenant*, fut porté par l'effervescence qui présida à la Révolution tranquille. « Trop longtemps les tisons avaient couvé sous les cendres », dites-vous et, dans ce contexte, les Dominicains « sentent venir le vent ». Il n'est pas nécessaire d'insister sur le fait que les contextes politiques, culturels et religieux qui ont porté nos 30 ans sont radicalement différents. Nous n'avons pas le même « maintenant » !

J'ai souvent la désolante impression que nos générations ont fait le chemin inverse. La vôtre est passée d'un

---

3   *L'intelligence et le risque de croire*, Fides, 1999, p. 19.

certain ultramontanisme clérico-conservateur résistant à la modernité à une compréhension de la foi chrétienne comme exigence d'engagement dans le monde. Vous nous racontez que cette compréhension est le fruit d'une « jonction entre l'influence des mouvements de jeunesse » et de « celle de ces intellectuels français – qui allait de Mauriac, Camus et Malraux, jusqu'à Sartre et Beauvoir » ; votre *Gaudium et Spes*[4], quoi.

Ma génération a connu une foi trop souvent désincarnée dans un monde enchanté par le marché. J'ai peur de finir par croire que, pour la majorité des quelques chrétiens de mon âge, la religion est devenue une justification et une légitimation de leur refus du monde plutôt qu'une invitation à y œuvrer. Curieux repli sur une identité qui, dans les faits, n'a jamais été la leur.

Émerge alors l'incontournable question : pourquoi moi, pourquoi nous ? Pourquoi est-ce que je me comprends comme un héritier du catholicisme alors que la majorité de mes contemporains n'y voient la plupart du temps qu'un attrait folklorique ? Pourquoi suis-je intéressé par ces questions de religion alors que mes amis les

---

4 Pour reprendre le titre latin de ce document fondamental du concile Vatican II : *L'Église dans le monde de ce temps.*

plus proches y voient un phénomène appartenant d'abord aux étrangers? Plus obscur encore : pourquoi une foi questionneuse alors que plusieurs des coreligionnaires de mon âge cherchent le ronron rassurant de l'institution?

Je peux vivre assez bien avec des choix et des orientations qui ne sont pas ceux de la majorité. L'anticonformisme peut même être profitable s'il permet de dire notre singularité. Toutefois, la misanthropie m'est insupportable. Je me rends compte, à la lecture de votre texte, que cet inconfort profond à l'égard d'une certaine asocialité présente chez les gens d'Église est directement lié à la quête d'intelligence qui nous occupe. Intelliger c'est, évidemment, chercher à comprendre ou à rendre compréhensible. *Intellegere* a été aussi utilisé au sens de « bonne entente », « accord commun ». C'est dire que la compréhension – ou l'intelligence – implique des relations de complicité. Nous pourrions dire des relations humaines signifiantes qu'elles reposent sur l'intelligence de l'autre. Il n'en est pas vraiment autrement sur le plan culturel et religieux. La quête d'intelligence de la foi est une recherche de connivences entre nos expériences contemporaines et la tradition dont nous sommes héritiers. Des complicités qui, sans être des complaisances qui cherchent à dissoudre l'altérité de la tradition dans le présent, rendent pertinente pour aujourd'hui la foi de nos ancêtres.

Ainsi, bien que nous vivions notre foi « dans les conditions de diaspora », comme vous le dites à juste titre, la recherche d'intelligence ne permet pas que nous nous comportions pour autant comme des martyrs incompris ou comme des élus se complaisant dans une marginalité d'initiés. Au contraire, cette quête nous pousse à embrasser l'aventure humaine ici-bas, bien davantage encore que les considérations sur l'au-delà ou sur Dieu lui-même. Et une telle attitude n'est pas commandée que par l'intelligence des choses, elle correspond aussi à la visée universaliste du christianisme.

Intelligence et rapport à l'institution

Votre quête d'intelligence a donc appelé un engagement militant à l'intérieur de l'Église, en ces temps d'effervescence qui ont suivi le Concile et la Révolution tranquille. Une période de réformes d'une telle profondeur qu'elles suscitaient, comme votre récit le rappelle, de sérieuses tensions. Outre un climat social et culturel favorable, ces propositions de réformes, tout comme les tensions qui leur sont associées, n'ont été possibles que parce qu'elles prenaient appui sur une culture religieuse étoffée. Il me semble qu'il serait nécessaire de revivre aujourd'hui pareille époque. Seulement voilà : ma génération n'a pas d'arrière-plan culturel semblable. Que peut-on réformer lorsque nous sommes si peu formés ? De nombreux éléments, me direz-vous. Vrai. Nous sommes fort conscients des irritants, des tensions et des fossés entre les propositions de l'Église et les sensibilités contemporaines. Cependant, j'ai souvent l'impression que, dans notre rapport à la tradition et à l'institution, quelque chose demeure fuyant. Personnellement, je me rends compte que je « manque de prise » sur certains enjeux parce que je connais mal ou insuffisamment les Écritures, les différentes spiritualités chrétiennes, l'histoire de l'Église comme celle du catholicisme québécois... Nous avons besoin d'ouvrir des chantiers de théologie et d'histoire, de créer des occasions pour nous approprier la tradition dans toutes ses formes et sa vitalité.

De même, nous sommes les enfants de ceux que l'on a qualifiés de « croyants sans Église » pour mettre en relief la distanciation de l'institution qui a marqué la religiosité de nos parents. Cette prise de distance nous a faits héritiers d'une précieuse liberté, tout autant qu'elle introduit une paradoxale filiation : nous croyons pouvoir nous passer de l'institution et nous nous surprenons à la chercher. Nous nous en méfions et pourtant nous sommes en quête de pratiques instituantes permettant de nous sentir autorisés, confortés, mandatés, inscrits dans une continuité. Tout comme on n'invente pas une langue pour dire la nouveauté, on ne saurait être catholique sans l'Église – fût-ce bien souvent « malgré elle », en marge ou en dissidence. En fait, il n'est possible d'y renoncer que pour ceux qui en sont pleinement le « produit » : on ne peut en effet rejeter que ce que l'on a.

C'est pourquoi je trouve particulièrement intéressante votre inscription dans la « filière dominicaine » comme femme laïque. Quelle richesse que cette intégration dans une lignée, sous des modalités qui vous convenaient. Il s'agit d'un ancrage institutionnel qui, au bout du compte, rend libre face à l'institution.

Vous posez donc avec justesse l'alternative qui nous préoccupe : « [Ou] bien, vous, les jeunes, vous jugerez vous-mêmes exclus de l'Église institutionnelle à cause de vos convictions trop souvent opposées aux siennes en diverses matières ; ou bien, au contraire, ainsi que nous, vos aînés, le souhaitons ardemment, vous assumerez pleinement votre statut de dissidents. » Nous feignons trop souvent l'indifférence en prétendant qu'il y a des luttes plus importantes que de tenter de faire évoluer l'Église de l'intérieur. Dangereuse méprise ! Non seulement avons-nous toujours besoin de cette institution malgré toutes les critiques que nous pouvons lui faire, mais, ce faisant, nous laissons le champ ecclésial libre aux « fossoyeurs inavoués de Vatican II » – comme vous dites. L'enjeu est fondamental. Il ne s'agit pas que d'une lutte idéologique et politique du moment. Il en va de notre fidélité à la tradition dont les réformes conciliaires et votre engagement font partie.

Défis lancés

Votre texte nous convie à travailler à trois défis : la démocratie en Église, la place de la femme, le langage biblique. Je reviendrai sur la question du langage. La démocratie et la place de la femme sont deux « nœuds gordiens », pour reprendre votre expression, qu'il semble nécessaire d'aborder conjointement. N'est-ce pas le processus de décision plus démocratique de l'Église anglicane qui a permis qu'elle ordonne des femmes ? La cause des femmes ne se bute-t-elle pas constamment au « monarchisme clérical » ? Si le peuple catholique s'exprimant depuis 40 ans par sondages et dans les différents synodes avait été écouté plutôt que méprisé, la situation serait tout autre dans nos églises et presbytères.

La « révolution » démocratique et féministe n'est pas pour autant la solution miracle à tous les maux de l'Église. Cependant, il ne saurait y avoir de réforme efficace sans cette recherche de justice et de représentativité. Cette question ne peut être réduite à un enjeu de gouvernance secondaire à l'annonce de l'Évangile. L'ensemble de la crédibilité du discours de l'Église en dépend. Je connais de nombreux intervenants ecclésiaux qui sont las de ces questions, trouvant que l'attention que leur porte l'opinion publique fait de l'ombre à d'intéressants éléments de la proposition catholique. Ils ont raison. Cela dit, la solution n'est certainement pas de refouler et d'enterrer le débat. Ces exigences de nos contemporains ne sont en rien des caprices de modernes qui n'auraient pas saisi la nature véritable de l'institution religieuse. Au contraire, c'est là que se joue pour eux l'Évangile. Il ne s'agit pas d'une « concession » à la culture ambiante. C'est une question de cohérence évangélique. L'Église ne peut pas annoncer l'espérance et la libération pour les autres et encourager la discrimination et la sujétion en son sein.

Il n'est pas nécessaire ici d'en dire davantage : nous nous entendons sur la pertinence de ces deux défis. Ce qui questionne davantage, c'est la grandeur de la tâche que vous nous confiez. Comment réussir là où votre génération, qui vivait dans une situation sociale et culturelle favorable et qui avait un poids démographique considérable, a échoué ?

Dire et redire sans cesse

De la lecture de votre lettre émergent plusieurs enjeux portant sur l'intelligence et l'engagement, le rapport au monde, les nécessaires chantiers de théologie et d'histoire, la recherche de pratiques instituantes, la militance intraecclésiale, la démocratie et la place des femmes. Vous nous invitez à prendre le relais, nous questionnons notre capacité : par où commencer ? Comment s'y prendre ? Comment s'approprier ces défis ?

La recherche de connivences entre la tradition chrétienne et l'aventure humaine est rapidement confrontée au défi du langage. Vous l'avez souligné en référant au « problème de l'interprétation contemporaine de la Bible et de l'Évangile ». La compréhension des textes fondateurs nécessite une exploration minimale de la culture dans

laquelle ils sont nés afin d'éviter les lectures fondamenta-
listes. Une exploration qui devient tout aussi nécessaire
qu'ardue à mesure que progresse l'« exculturation catholique » au Québec. Tout en reconnaissant le travail à faire
en ce domaine, je serais d'avis que l'enjeu est plus large.

Nous avons besoin de trouver les mots pour dire tant la
fragilité et la grandeur de notre aventure humaine que la
vérité de notre tradition. Or, le vocabulaire est là sans que
nous puissions le faire nôtre. Ce n'est pas pour rien que
nos contemporains apprécient la commode ambiguïté du
terme « spirituel ». Ainsi, au signifiant, mes ami(e)s et moi
n'associons pas le même signifié ; parce que « le p'tit ami
Jésus qui est dans ton p'tit cœur » qu'ils ont trop connu
n'a rien à voir avec mon expérience de foi. Il y a de ces
mots dont on a abusé et que l'on a violés, d'autres dont le
sens échappe en raison de la déculturation religieuse.
Après des années d'enseignement religieux infantilisant et
d'animation pastorale « rapetissante », peu de mes ami(e)s
arriveraient à retenir leur sourire si je me mettais à leur
parler de Jésus, de l'Esprit saint, du mystère de la Trinité...
Non pas que l'acte de foi soit objet de risée ; tout au
contraire, il suscite curiosité, respect, sympathie même.
Ce qui est laborieux et délicat, c'est l'affirmation d'une foi

confessante. On en a trop parlé pour si peu en dire. On a si souvent fait la preuve que les questions religieuses pouvaient être abordées sans intelligence, dans une sorte de pensée magique humiliante.

Vous qui travaillez tant avec les mots savez mieux que moi que l'enjeu n'est pas que cosmétique. Ce n'est en rien trouver des « formules améliorées » aux fins de mise en marché dans le cadre d'une stratégie marketing. Dire autrement, c'est inévitablement dire autre chose. Trouver de nouvelles façons de dire la foi qui nous habite, c'est faire théologie. Les religions, comme la langue, sont vivantes non pas lorsque des individus s'y conforment – nous rappellent les sociologues Lemieux et Montminy –, mais lorsqu'elles « port[ent] au monde autre chose qu'elle[s] même[s] », lorsqu'elles disent « l'inédit et [portent] l'expérience la plus profonde de la subjectivité ». Ce n'est donc pas une question de mode, mais bien de pertinence même de notre tradition religieuse : permet-elle que « des sujets y prennent appui pour créer[5] » ?

_____

5   R. Lemieux et J.-P. Montminy, « La vitalité du catholicisme québécois », dans G. Daigle et G. Rocher (dir.), *Le Québec en jeu – Comprendre les grands défis*, PUM, 1992, p. 578.

Comment mettre à profit la richesse d'intelligence humaine et spirituelle du christianisme lorsqu'on n'a plus les mots pour le dire ? Comment relever les défis que nous venons de décrire si nous ne sommes plus à l'aise d'en parler ? C'est là que votre expérience à la revue *Maintenant* est inspirante, malgré les années qui nous en séparent. Tenir une telle revue d'actualité religieuse, n'est-ce pas tenter sans cesse de dire et redire la pertinence de la foi chrétienne ? N'est-ce pas chercher infatigablement à dire du neuf avec de vieux mots ? N'est-ce pas répondre à notre vocation d'humain, selon la Genèse, que de nommer ce réel ? En ces temps où le Québec était « mûr pour une belle flambée qui allait prendre, par moments, l'allure d'un saisissant autodafé de nos certitudes anciennes », n'est-ce pas à l'élaboration de complicités nouvelles que vous avez travaillé dans cette aventure ?

Et quels autres moyens que la réflexion, l'écriture et la publication pour relever les défis que vous nous proposez ? Y a-t-il démocratie sans information indépendante et objective ? Comment susciter autrement les débats autour de la place des femmes en Église qu'en en parlant et en le rappelant aux autorités ? Comment assurer une éducation exégétique permanente si ce n'est en vulgarisant auprès du plus grand nombre les résultats des recherches en ce domaine? Comment intéresser ceux que l'on appelait il n'y a pas si longtemps les « distants » sinon en les rejoignant où ils sont, avec respect et intelligence?

Et, comme vous le dites vous-même, un tel exercice se traduit nécessairement par une « éducation permanente pour l'intelligence de [la] foi, la compréhension des Écritures, le sens du partage évangélique, la connaissance de l'histoire de l'Église et de ses avatars ». Une pédagogique de la foi « par projet », pour prendre le vocabulaire si populaire ces temps-ci, qui aurait pour effet d'enrichir la culture religieuse de ma génération tout en étant l'occasion de nous savoir « institués », confirmés dans notre rôle de baptisés.

La force de la filiation

L'exercice auquel nous nous livrons en ces pages conforte ma conviction que ce n'est que par la force de la filiation qu'il nous sera possible de répondre à votre souhait, celui de nous voir reprendre le flambeau « de la militance au service des grandes avancées théologiques de Vatican II ». Nous devons connaître les luttes qui ont été les vôtres. Autrement, nous croirons faussement que tout est à faire et nous ne pourrons qu'être découragés. Notre premier devoir est un devoir de connaissance et de reconnaissance, d'histoire et de mémoire. La tradition chrétienne se construit sans cesse, devant nous, dans ce jeu de mémoire. Il faut nous assurer que les réflexions et les actions qui ont été les vôtres ont leur place dans cette anamnèse. Multiplions les lieux de transmission : discutons, écrivons, publions, organisons des colloques ! Rappelons à nos contemporains qu'il y a un autre discours catholique que celui qui nous vient de Rome ; qu'il y a un autre catholicisme que ce qu'en retient la « cartographie » officielle.

Il me faudrait en dire plus et mieux pour répondre de manière satisfaisante à votre interpellation. Ces simples considérations n'en ont pas moins préalablement demandé un exercice spirituel véritable. Il m'a fallu revisiter mon expérience et sonder mes convictions pour écrire ces quelques pages. Une tâche dont j'ai peu l'habitude, étant davantage disposé au discours « à distance » des sciences des religions. Si l'on ne peut assurément présumer des retombées et des suites de l'exercice auquel nous nous sommes livrés ici, sachez que votre rencontre m'aura permis de trouver espérance et inspiration, comme ces gens d'Emmaüs à qui on a pris le temps d'expliquer les Écritures, non pas de manière immuable et immobile, mais en marche, en route, en engagement. Soyez-en remerciée!

*Sans espérance on ne peut
accueillir l'inespéré*

Jacques Grand'Maison

D EPUIS LES ANNÉES 1940, j'accompagne les nouvelles cohortes générationnelles. À chaque tournant, j'ai connu et vécu avec elles des défis souvent inédits de pertinence culturelle et évangélique, et ce en contrepoint des profondes mutations et des enjeux cruciaux du monde contemporain et de notre société. C'est dans ce contexte séculier qu'ont évolué mes propres rapports à l'Église.

Mon enracinement

Ma première filiation d'engagement a été celle de l'Action catholique. C'est d'elle que vient mon choix vocationnel de devenir prêtre séculier, avec un socle à la fois laïc et religieux, social et ecclésial. Dans cette perspective, j'ai cherché à moduler et à renouveler sans cesse mes divers champs d'engagement : projets sociaux et pastoraux, enseignement à l'université, travail en paroisse et dans des mouvements d'inspiration chrétienne et, enfin, inscription dans les débats et combats de la cité. Je tiens à souligner ici la matrice première de cette passionnante aventure.

On a dit que le territoire dont on se souvient le plus, est celui de sa jeunesse. En tout cas, le mien a été déterminant. Né au temps de la crise économique des années 1930, j'ai vécu dans une famille ouvrière, au sein d'un quartier pauvre. Mon père revenait souvent en colère, le soir, de l'usine Dominion Rubber. Ce qui le pacifiait le plus, c'était l'échange avec ma mère qui lui lisait « tout haut » les nouvelles du journal *La Presse*. Mon père était analphabète, mais il partageait avec ma mère la passion de comprendre le sens des événements. Progressivement, ils nous ont associés, nous les cinq enfants, à leur réflexion. Ce qui nous a motivés à poursuivre nos études. Même la religion du temps était passée au crible d'un incessant discernement critique. Conscience sociale et foi intelligente dans le pays réel : tel fut notre plus précieux héritage.

Dès mon entrée au collège, à 12 ans, j'ai adhéré au mouvement de la Jeunesse étudiante catholique. C'était, à l'époque, un des bouillons de la culture moderne en gestation chez nous. Une sorte d'école parallèle où l'on abordait des questions et des enjeux qui ne figuraient pas dans le programme scolaire. Enjeux séculiers du temps, mais aussi renouvellement de la pensée chrétienne qui nous venait d'Europe. Huit années d'intense réflexion et militance. Le collège-séminaire où j'ai étudié m'a sans doute influencé dans mon choix vocationnel de la prêtrise. Toutefois, je ne voulais pas m'orienter vers une communauté religieuse. L'option de devenir prêtre « séculier » venait vraiment de moi et de mon expérience d'Action catholique : prêtre dans le monde et en fonction des laïcs, pour reprendre le langage de l'époque. Sans compter une condition plus libre qui, à mes yeux, m'apparaissait moins possible dans une communauté religieuse.

Durant mes premières années de ministère, j'ai conjugué mes racines familiales, mon souci social et mon expérience d'Action catholique en devenant aumônier de la Jeunesse ouvrière catholique. Je me suis engagé à fond de train dans des luttes et des projets, comme le recyclage et la réinsertion des jeunes chômeurs du temps. Ce qui m'a valu de participer à la première recherche-action de développement régional dirigée par l'équipe de Fernand Dumont et Yves Martin, dans le diocèse de Saint-Jérôme, en 1956-1960. Ce fut là mon premier socle séculier qui allait marquer toutes mes orientations par la suite : études doctorales, enseignement et projets collectifs sur le « terrain » qui n'ont jamais cessé depuis. De plus, l'écriture et les publications ont été mon lieu de réflexion plus distancée et d'intériorisation de la foi et de la pensée chrétiennes. Sans compter mon accompagnement spirituel d'équipes d'engagés chrétiens.

Voilà mon champ singulier d'engagement. Je me suis entêté à poursuivre toute cette chevauchée dans une seule et même région et dans quelques institutions locales où j'ai œuvré pendant toute ma vie adulte – et encore aujourd'hui à 70 ans passés. Il y a là une option de long terme où j'ai pris au sérieux l'aphorisme « agir localement, penser globalement ». On ne peut pas être fécond si on n'est pas planté patiemment quelque part, comme le Nazaréen, mon inspirateur.

Ce n'est pas la seule posture possible, si j'en juge par l'ampleur planétaire des soucis de votre génération qui, plus que la mienne, est sensible aux défis de la mondialisation et de nos cités de plus en plus cosmopolites. À ce chapitre, je ne puis être un modèle pour vous ; ce qui m'incite ici à ne pas vous donner de leçons ! Toutefois, qui sait si ma posture n'a pas quelque prégnance pour le long terme que vous avez devant vous? Et pour vous donner quelques exemples d'engagement durable dans une société où tout se joue à court terme en presque tous les domaines?

La transmission

Le XXe siècle a valorisé des valeurs de progrès, comme la liberté, la créativité et l'innovation, mais il a trop négligé les valeurs de durée, de suivi, de persévérance et de mûrissement. Une des grandes tâches d'avenir sera de mieux arrimer ces deux registres. Or, fait intéressant pour nous chrétiens, la tradition prophétique qui traverse la Bible et l'histoire de l'Église n'a cessé de renouveler et de recomposer la mémoire, l'actualité et l'avenir à bâtir. Le récent concile Vatican II en est un bel exemple.

Parfois, je me dis que c'est peut-être votre génération qui pourrait prendre le relais de cette brèche prophétique que nous, vos aînés chrétiens, avons trop sous-estimée, tellement nous sommes encore obsédés par la critique de notre héritage religieux. Je vous sens moins crispés que nous, plus libres d'esprit, en dépit de vos profondes inquiétudes face à l'avenir. J'ai ici en tête ce que des jeunes nous ont dit lors d'une recherche récente: «De la religion, de la nôtre en particulier, on ne nous a transmis que des critiques… Ça ne nous explique pas pourquoi la majorité des êtres humains sur la planète sont religieux et y trouvent du sens pour leur vie. »

À ce chapitre, la tradition prophétique biblique, comme dynamique du sens, articule trois démarches qui éclairent le tournant historique actuel du christianisme. D'abord, l'incessante tâche de réinterprétation des chemins parcourus ; puis, le discernement des signes des temps dans le monde d'aujourd'hui et de l'Esprit qui y travaille ; enfin, l'ouverture de nouveaux chemins de sens, de foi et d'engagement.

Cette synergie concerne particulièrement la nouvelle génération de chrétiens. Celle-ci fait face à l'énorme défi de contrer la posture actuelle de restauration romaine qui ne favorise pas ces trois requêtes prophétiques inséparables. Par-delà ce procès inévitable, il y a positivement la formidable liberté évangélique dont témoigne Jésus de Nazareth face à son propre héritage culturel et religieux chargé de multiples prescriptions paralysantes. Plusieurs décrets récents de Rome sont massivement prescriptifs, sans souci de leur réception et de la liberté des Églises locales et des chrétiens eux-mêmes. Si bien qu'on peut se demander si la liberté, dans l'Église, ne devient pas un enjeu prophétique majeur du présent et de l'avenir de la foi catholique.

Ma génération et celle qui l'a suivie ont opté pour le retrait, même en matière de mémoire. Il serait dommage que vous fassiez de même. À tort ou à raison, je pense que vous avez des atouts pour penser, croire et agir autrement. Y compris pour revisiter plus librement et décanter le meilleur de la riche mémoire historique, culturelle et chrétienne. Dans votre propre génération, il y a déjà des indices prometteurs séculiers que je soumets à votre propre jugement.

Il me semble qu'une des questions importantes soulevées aujourd'hui par plusieurs jeunes porte sur la continuité, en contrepoint de tant de ruptures passées et présentes qui nous ont privés de sens pour le présent et l'avenir. Ces jeunes ne contestent pas comme telles les ruptures et le sens libérateur qu'elles peuvent avoir. Ils contestent plutôt une posture fort répandue qui les laissent sans mémoire de ce qui les a précédés, et sans horizon d'avenir pour affronter les pesanteurs de l'histoire et construire leurs propres idéaux. Tout leur questionnement module la requête d'un discernement entre continuité, ruptures, dépassements et inédits.

Ce qui m'a souvent frappé, chez ces jeunes, c'est la liaison qu'ils font entre leur questionnement intérieur et leurs rapports à la société. Point de questions générales abstraites, mais plutôt des démarches très existentielles, avec une forte teneur affective et subjective, éthique et spirituelle, même quand il s'agit de politique. Quelque chose comme un besoin vital de raccords, de recomposition, de cohérence des diverses dimensions de la vie, de leur vie. Il me semble qu'il y a, dans leurs interrogations, une sorte de vertige qui peine à se dire : « Il y a des choses qu'on ne m'a pas transmises. » Les mots manquent, le discours est ponctué de silences... J'ai cru comprendre qu'il s'agissait de l'âme, de la transcendance.

Pour plusieurs de ces jeunes, l'âpreté des temps qui s'annoncent réclame des valeurs intérieures fortes et des engagements personnels soutenus. « Sans foi, on ne peut aller très loin dans la vie », osent affirmer certains. Ces jeunes tentent de surmonter leur confusion intérieure. Ils sont en quête de sens qui font vivre, aimer, lutter et espérer. Rien d'un spirituel éthéré, « flyé », ésotérique. Plutôt la quête d'idéaux qu'aucune raison instrumentale ne peut générer. Quête aussi d'inscription dans le temps et dans une société toute centrée sur les intérêts immédiats.

Comme le demandait une étudiante : « Je vis dans une société qui a poussé très loin le déni de la plupart de ses filiations historiques. Je suis fille de quoi au juste ? »

La longue expérience religieuse et culturelle de l'humanité ne saurait être mise en veilleuse pour l'intégration morale et spirituelle des nouveaux enjeux sociétaires et politiques. C'est pour ça que la transmission intergénérationnelle mérite tant d'attention. C'est un des tests les plus importants de notre pertinence dans les débats de fond à tenir et dans la recherche d'un nouveau vivre et d'un nouvel agir ensemble.

J'ai appris, au cours des dernières années, que les rapports intergénérationnels sont une des cordes les plus sensibles et les plus humaines de nos rapports sociaux. En ce domaine, les Églises peuvent contribuer à dépasser le court terme tous azimuts de nos sociétés occidentales et de la nôtre. Saint Augustin, ce précurseur de la conscience moderne, disait qu'il y a trois présents : le « présent du passé », le « présent du présent » et le « présent du futur ». Il part du présent, référence à laquelle nous sommes particulièrement sensibles à notre époque, mais il lui donne une perspective historique et transcendante qui relie le monde séculier et le royaume de Dieu. En cela, Augustin

est plus près de notre conscience moderne que d'un certain héritage religieux de la chrétienté qu'on a connu. Ma
posture de base est de cette inspiration. Et je vais tenter
ici de préciser une piste d'engagement qui vous concerne,
vous les jeunes chrétiens d'aujourd'hui. Je pense que ma
génération de chrétiens et notre Église n'ont pas encore
relevé le gant de ce que j'appelle la sécularité d'inspiration
chrétienne. Pour m'expliquer, je vais recourir aux sources
et aux fondements qui nous sont propres.

La sécularité

La sécularité est déjà là, dans la Bible. Les premiers
croyants de notre longue tradition multimillénaire pen-
saient que la terre était comme un radeau sans cesse
menacé de chavirer, que Dieu seul pouvait maintenir à
flot; d'où un rapport de nécessité à Dieu. Ce n'est que
progressivement que les croyants de notre tradition ont
compris que le monde créé par Dieu se tenait par lui-
même et que l'être humain était un sujet libre, responsa-
ble, interprète et décideur.

Il y a là un passage historique majeur. De l'être humain
soumis à son destin et aux dieux, on est passé à l'être
humain debout, «livré à son propre conseil». Du coup,

se dégageait la possibilité d'engager sa propre histoire et de « faire cité ». Conscience, science, technique, arts en sont les fruits. C'est à cet être, sujet autonome individuel et collectif, que Dieu offre gratuitement une alliance libre. Cette alliance est commune aux deux Testaments bibliques. Une alliance qui ouvre sur son Royaume éternel à travers la vie, la mort et la résurrection du Christ. C'est d'abord au-dedans du monde, de l'histoire et des profondeurs du sujet humain que le Dieu de la Bible et des Évangiles s'offre à tous.

La matrice première de tous les mystères chrétiens, et en particulier celui de l'Incarnation, est séculière (du latin *sæculum* qui renvoie au « monde » et à l'« histoire »). Les sociétés sacrales que nous avons connues jusqu'à tout récemment ont, en quelque sorte, noyé cette base séculière. L'avènement des sociétés sécularisées et laïques a contribué à éveiller, au xxᵉ siècle, les Églises chrétiennes à leur ancrage séculier comme un de leurs constituants. Il y a là un renversement de plusieurs conceptions de l'Église : à côté du monde, au-dessus du monde, au centre du monde ou encore une Église terrestre qui « se prend pour » le royaume de Dieu, au lieu d'être une médiation entre le monde et ce royaume.

Ce déplacement n'a rien d'une théologie abstraite. Il a des conséquences très concrètes et existentielles qui vous concernent particulièrement. Votre génération de chrétiens arrive à un tournant historique où le modèle de l'Église qui s'est imposé au cours des derniers siècles parvient à des limites critiques dans les sociétés qui ne sont plus sacrales, y compris la nôtre. Ce sont les chrétiens du monde et dans le monde qui seront les principaux transmetteurs de la foi chrétienne. Si bien que j'en suis venu à penser qu'un des objectifs les plus importants, pour l'avenir de la foi chrétienne, c'est que dans les divers circuits du monde dit « profane », on trouve et rencontre au moins quelques chrétiens pertinents et signifiants chez leurs contemporains. Voilà un objectif bien modeste, mais pourtant crucial.

À ce chapitre, plusieurs malentendus sont à lever. Dans nos milieux ecclésiaux, nous présupposons trop souvent que le message chrétien nous confère une pertinence « immédiate » et que notre seul défi tient de l'adaptation du langage et de la pédagogie de transmission. C'est oublier le long et patient travail de discernement, d'interprétations et de réinterprétations qui a accompagné l'itinéraire de la Bible, des Évangiles et de l'histoire de l'Église… et que dire des inédits actuels du contexte contemporain plus complexe que jamais! C'est pourquoi je m'inquiète de l'appauvrissement intellectuel du « personnel » de l'Église, aussi bien dans sa vie interne que dans ses rapports à la société et à ses enjeux fondamentaux. Je m'inquiète tout autant de cette mouvance multiforme vers la constitution de « bulles religieuses » qui tiennent lieu d'authenticité, de modèle, d'orthodoxie, de fidélité à la tradition et à l'Évangile. Plusieurs nouvelles vocations et nouvelles communautés sont malheureusement de cette tendance.

On s'éloigne ainsi du ferment prophétique qui a tout déplacé, même le culte, vers une inscription de la foi biblique et du salut évangélique dans les défis humains du monde, comme premier lieu du royaume de Dieu. C'est là d'abord que se loge la passion chrétienne d'une foi aventurée, engagée, qui nous confronte à un choix incontournable : s'exposer ou se protéger, risquer l'Autre et les autres ou se réfugier dans de nouveaux cénacles. Les « possibles » de l'Esprit saint, à l'œuvre dans le monde, exigent un renouvellement incessant et un renforcement mutuel de l'intériorité et de l'engagement.

À tort ou à raison, je pense que les « spirituels » et les « engagés », au cours des derniers temps, ont vécu beaucoup trop en parallèle. Je dirais même que ma génération de chrétiens, y compris celle de l'Action catholique, n'a pas bien réussi à articuler ces deux pôles de la vie chrétienne. Et en m'adressant à vous, les chrétiens de la génération montante, je me prends à rêver que vous réalisiez cette tâche majeure pour l'avenir de la foi chrétienne dans notre nouveau pays de mission! Vous êtes peu nombreux en regard de nous, vos aînés. Les premiers disciples du Christ ne l'étaient pas non plus, comme tous ceux et celles qui, au cours de l'histoire du christianisme, ont ouvert de nouveaux chemins d'humanité et d'Évangile. De ce fait, vous êtes porteurs d'un modèle d'Église plus modeste, moins triomphal.

Le pari de l'espérance

Un de mes collègues à l'université m'interpellait en ces termes : «Vous les chrétiens, vous avez fait de la transcendance un *plein* qui ne laisse pas grand-place pour le dialogue.» Je ne veux pas vous faire le même coup! Il faut toujours se rappeler qu'il n'y a pas de foi sans modestie. Cela vaut aussi pour l'Église si souvent tentée de revenir à des moyens triomphalistes dans les stades. À cet égard, j'aime bien ces propos de Fernand Dumont :

[...] j'ai parlé d'une *marginalisation* de l'Église. Ce constat de marginalisation ne dit pas le plus important. Il n'explique pas adéquatement les itinéraires de croyants qui, à l'intérieur ou dans les marges, ont cherché les raisons d'être de leur foi. C'est cette histoire souterraine qu'il faudrait raconter. Elle est difficile à interpréter, car elle se déroule dans l'intime des consciences, selon des entrelacs complexes. Il se pourrait que là se profilent les promesses de l'avenir. [...] il me semble qu'à ce niveau plus humble, il se produit un phénomène singulier. De partout, renaissent de vieilles pousses et en apparaissent de nouvelles. La recherche d'une identité chrétienne se poursuit mieux au ras du sol. Elle se dit mal au grand jour; ce qui est peut-être sa meilleure garantie d'authenticité. Des croyants se sont mis en retrait pour mieux s'interroger sur leur foi. [...] L'Évangile s'est remis à circuler librement, sans trop de souci pour les frontières et les terrains accoutumés. Les chrétiens [...] sont convaincus que désormais il s'agit de leur vie. Ils sont redevenus les *voyageurs* dont parle l'Écriture[1].

C'est à ce travail de repérage des signes de l'Esprit que je me suis consacré depuis un bon moment, avec d'autres

---

1   *Une foi partagée*, Bellarmin, 1996, p. 293-295.

espérants, aussi bien dans le monde séculier que dans l'Église. Je fais le pari que cet itinéraire a du sens pour vous, qu'il y a là un relais possible entre vous et nous. Nous sommes passés d'une foi obligée à une foi plus libre. Plus que jamais, peut-être, il n'y aura de foi vivante que si elle est engagée dans les enjeux cruciaux de la cité et dans des communautés chrétiennes autres que celles de « consommateurs de spiritualité ». L'Église n'est pas là pour elle-même. Elle ne saurait être fidèle à l'Évangile si elle se centre sur sa propre survie. « Allez au départ des chemins », disait Jésus à ses disciples. Nous revoilà dans une situation semblable. Saurons-nous y consentir ?

On me reprochera peut-être de pratiquer ici un mysticisme qui est loin du réel que vous avez à affronter. Nous avions plus d'atouts que vous pour assumer les tournants de la société et de l'Église qui ont jalonné notre route, fût-ce le nombre et les étais institutionnels. On vous livre une Église démunie de bien des façons. Bref, un défi radical de recommencement, de reconstruction sur des assises très rétrécies et fragiles, pour ne pas dire des ruines dont les églises en vente ou en démolition sont la triste figure emblématique.

Devant cela, je prends le parti évangélique de la semence. Comme jadis mon grand-père qui plantait des arbres encore à son grand âge. Dans l'Évangile, il n'y a pas de produit fini. Tout est en semence. C'est à cause de cela que je vis la dernière étape de ma vie avec la même ferveur, la même ardeur qu'aux temps de ma jeunesse. Et c'est par cette posture de semeur que je vous rejoins concrètement. C'est elle que je veux vous transmettre, avec l'Esprit qui ne cesse de travailler de pareille façon dans le monde et dans l'Église.

On a dit, non sans raison, que l'Église catholique est une institution « arrivée », codée dans toutes ses dimensions. Cette force, en l'occurrence, devient sa faiblesse. Ce qui m'amène à penser que son désert et son exil actuels dans notre société peuvent être une grâce pour redécouvrir qu'en Évangile, c'est toujours le temps des semences.

Toutefois, lorsque je parle de semences, de recommencements, je ne plaide d'aucune façon pour la table rase. Cette posture mortifère a eu des conséquences très graves dans l'histoire récente du Québec. Je pense par exemple à nos rapports problématiques aux institutions. Ce qui ne s'institue pas ne peut s'inscrire dans la durée. L'institution structure la mémoire, l'actualité et l'avenir. Quand les institutions s'affaissent, les êtres humains deviennent imprévisibles et incertains.

Rêver d'une Église désinstituée est une grave illusion. L'historien Jean Beaubérot citait récemment les propos de certains esprits laïcs du XIXe siècle qui disaient : « S'ils ne sont pas des croyants dans une tradition éprouvée et critique d'elle-même, ils deviendront aveuglément crédules. » Voyez ce qui se passe aujourd'hui. D'où l'importance de discerner, comme je le disais plus haut, ce qui mérite la continuité, la rupture ou le dépassement. On ne réinvente pas le monde à tous les tours d'horloge. Sans mémoire, on répète les mêmes erreurs. Sans institutions cohérentes et pertinentes, on se plonge dans la confusion sociale et mentale et dans l'indifférenciation psychique et culturelle. Je sais très bien que les institutions sont toujours menacées de sclérose et qu'elles doivent être soumises à de constantes réévaluations pour se renouveler et être porteuses de pertinence et de fécondité. À ce chapitre, l'Église catholique, en refusant les débats de fond et même la moindre dissidence, provoque son propre rejet, surtout dans nos sociétés occidentales démocratiques. Mais de là à discréditer le rôle structurant et communionnel de l'institution, c'est une tout autre affaire !

Dans ma vie, j'ai connu et vécu trois moments importants de profondes tensions avec l'institution.

Au lendemain du concile Vatican II, je me suis rendu compte que l'Église d'ici a peu évalué et assumé cet enjeu que je vais expliciter : pendant que nos évêques, à Rome, redéfinissaient l'Église, au Québec, une société autre prenait corps dans la Révolution tranquille – et cela sous un mode plus laïc. On se trouvait alors dans un nouveau contexte où ce n'était plus l'Église qui définissait les institutions séculières et les règles du jeu. Il fallait resituer et repenser les rôles ecclésiaux, et développer une foi chrétienne de facture plus séculière. Il s'agissait donc de ne pas se limiter à étudier et à appliquer les décrets conciliaires comme on l'a fait à cette époque. Je me suis expliqué là-dessus dans mon premier ouvrage intitulé *Crise de prophétisme*[2].

Le deuxième moment critique fut la publication de l'encyclique *Humanæ Vitæ* en 1968. Depuis une quinzaine d'années, je cheminais avec des laïcs mariés dans des mouvements familiaux. Ceux-ci étaient parvenus à une foi et à une morale conjugale plus saines et heureuses. Ils ont reçu

---

2   Action catholique canadienne, 1965.

cette encyclique comme une agression au plus intime d'eux-mêmes, bien au-delà du contentieux moral qu'elle créait. Face à l'institution ecclésiale, je n'ai jamais pu « décolérer » à ce sujet comme en témoigne mon manifeste : *Au nom de la conscience, une volée de bois vert*[3].

Mon troisième contentieux face à l'institution ecclésiale, je le vis durant cette dernière étape de ma vie. Je l'ai évoqué plus haut à propos des nombreux décrets prescriptifs romains qui obturent une à une les ouvertures de Vatican II. Ce que le cardinal Martini appelait récemment les « nombreux irritants inutiles » qui hérissent tant de catholiques occidentaux.

Cela dit, mes engagements et mes attachements à l'Église ont toujours eu priorité sur mes contentieux avec l'institution. D'abord parce que l'Église est plus qu'une institution, mais surtout à cause de mes liens profonds avec les chrétiens qui y sont restés : ma famille spirituelle, quoi ! Et, bien sûr, parce que j'ai reçu de l'Église la foi et le trésor de l'Évangile. Jamais, je n'ai pensé la quitter de quelque façon.

---

3   Fides, 1998.

Théologiquement et sociologiquement, pratiquement et théoriquement, je pense qu'il est illusoire de poser comme idéal un christianisme sans Église, et pas plus une foi chrétienne sans médiations religieuses. Établir une incompatibilité entre sécularité et religion, c'est rendre illisibles la Bible et les Évangiles, l'histoire religieuse de l'humanité et les trésors de l'âme humaine amassés au cours des siècles. La critique légitime de la religion ne saurait déboucher sur le rejet de son rôle de médiation dans l'expérience de plusieurs milliards d'êtres humains d'hier et d'aujourd'hui.

J'écris ce texte au temps de Noël, dernière fête collective chrétienne qui nous reste. Noël n'est-il pas la fête d'un radical recommencement de l'aventure de « Dieu avec nous » en Jésus Christ ? L'avènement d'un impossible, d'un inattendu et d'un inespéré ? Cet horizon qualifie le défi peut-être inédit de votre génération de chrétiens, même s'il est tributaire d'une grande et riche filiation historique et spirituelle. Bien des choses sont en train de mourir dans l'Église. Comme jamais peut-être, nous sommes confrontés à un acte de foi beaucoup plus résolu en la Résurrection et en la promesse de Dieu de ne jamais abandonner l'humanité, même quand elle a la tentation de ne plus croire en elle-même. Alors, on ne peut être que des espérants têtus dans nos engagements, comme dans notre aventure intérieure.

Votre initiative de nous convoquer et votre reconnaissance d'une filiation avec nous m'émeuvent jusqu'au plus profond de moi-même. Je suis à l'âge des grands-parents : il faut donc me pardonner tous ces rêves que je viens de formuler à votre sujet, avec une profonde affection et un je ne sais quoi de fierté pour le neuf que vous portez. Pour moi, il y a là quelque chose du *novum* évangélique qui a surgi, gratuitement, à tous les tournants de l'histoire.

Une foi en quête de mots et de lieux

Caroline Sauriol

IMPOSSIBLE pour moi de m'inscrire en faux à vos propos, alors que vous présentez votre ancrage et votre vision d'une foi agissante et un appel à une action séculière inspirée. Mes vues rejoignent trop les vôtres pour que je tente d'entrer en débat ou d'apporter une contre-proposition. Je tenterai alors plutôt de répondre à l'invitation que vous lancez à ma génération et d'offrir, à mon tour, mon cheminement et ma vision de la foi. Pour poursuivre dans le thème de l'espérance, j'aimerais parler de certaines convictions qui me semblent « porteuses », dans ce monde qui cherche ardemment des percées d'espoir. En parlant de mon expérience croyante, j'aimerais proposer des mots aux lecteurs qui en cherchent, les aider à exprimer et à discerner un peu mieux les contours de leur « âme ».

Ma foi est source de vie et d'espérance parce qu'elle donne souffle à mon action et à mes engagements. Elle m'offre également la possibilité d'un pardon et d'un renouveau constants. À votre instar, je ne pourrai passer sous silence mes « contentieux » avec l'Église de Rome. Mais je me rappellerai aussi que l'Église est plus grande que ses figures institutionnelles humaines, et en même tant si petite qu'elle trouve sa place en chacun de nous.

N'étant pas théologienne ou philosophe, et n'ayant bien sûr ni votre savoir ni votre sagesse, je sais d'avance que mes propos ne seront que des ébauches. Je les offre néanmoins, avec candeur, à celles et ceux de mon âge qui errent parmi les mots et les lieux un peu galvaudés de la foi. Ils trouveront peut-être apaisant de s'y reconnaître un peu ? Je les offre également aux lecteurs de tous âges qui se questionnent sur l'avenir d'une foi dont on ne parle souvent plus que pour en exprimer l'incompréhension.

Un grand besoin de mots

On dit souvent que la langue est le véhicule des idées, qu'elle est porteuse de culture puisqu'elle structure les pensées qu'elle cherche à exprimer. Or, lorsque ma génération tente de parler de foi, elle est privée de mots puis-

que son langage doit naviguer entre ceux aux significa-
tions trop chargées de notre passé, et ceux aux significa-
tions trop approximatives de notre relativisme présent.
Comment parler de la foi dans un monde qui méconnaît
le spirituel? La foi de mon époque est une foi qui cherche
son langage, son propre véhicule, perdue qu'elle est dans
ses repères multiples, en mutation et souvent cacophoni-
ques.

Les gens de mon âge et ceux qui nous suivent se retrouvent privés de mots, ou encore campés dans certaines
idées toutes faites de la foi – issues tout autant de notre
histoire propre que de l'actualité mondiale. S'il arrive
encore que l'on parle de religion avec ses amis, c'est pour
parler de celles des autres, de celles qui mènent ou non au
terrorisme, de celles qui impliquent ou non l'infériorité
des femmes, de celles que la société séculière devrait ou
non accommoder, etc. La religion, au Québec, est devenue le fait de l'autre, de celui qui semble « ne pas avoir
encore compris », de ceux qui devraient se sortir d'une
« noirceur » comme nous l'avons nous-mêmes fait.

Si d'aventure on aborde notre foi personnelle, c'est à
un vide de compréhension, à une absence de référence
commune que l'on fait face, empêchant vite l'échange

réel et profond. Vous avez très justement observé que lorsque l'on parle de l'âme, de la transcendance, « il y a [...] une sorte de vertige qui peine à se dire [...]. Les mots manquent, le discours est ponctué de silences... » J'ai souvent tenté d'exprimer à mon entourage certaines expériences de foi que j'ai vécues : mes propos ont le plus souvent suscité une incompréhension. Comme si les mots devenaient flous, qu'ils perdaient de leur résonance nécessaire à l'échange. C'est alors par des lieux communs que mon interlocuteur cherchera leur signification et me répondra le plus souvent : « Pourquoi t'as besoin de ça ? Pas besoin de religion pour vivre sa spiritualité ! Moi, j'ai mon Dieu à l'intérieur. »

Avoir une foi religieuse semble, de nos jours et en Occident, une tare et une marque de faiblesse. Il apparaît incompréhensible qu'une personne saine d'esprit, indépendante et raisonnable puisse adhérer, dans sa vie, à ces traditions religieuses que l'on réduit vite à leurs diktats et à leurs dogmes. La religion est largement vue comme un levier pour abuser des fidèles. Un refuge pour les faibles : celles et ceux qui ne savent pas penser par eux-mêmes ou qui n'ont plus d'autre espoir sur lesquels se rabattre. Au Québec, après avoir perdu sa primauté dans l'espace public, la religion semble être aussi devenue étrangère au simple « bon sens ».

À ces rebuffades et à ces doutes, il n'est pas facile d'opposer des arguments raisonnables et factuels. L'histoire est là pour démontrer que la chrétienté – pour ne parler que d'elle – a effectivement été le théâtre d'abus de pouvoir, tant dans son passé lointain (l'Inquisition et autres chasses aux sorcières) que dans un passé plus récent (celui de la toute-puissance de nos curés d'antan). L'actualité courante ne témoigne pas non plus – loin s'en faut – d'une grande pertinence des leaders de la foi chrétienne. Pensons seulement au Vatican qui, recroquevillé sur lui-même, nie l'égalité de tant de personnes en s'appuyant sur les prétentions d'une minorité masculine se croyant supérieure[1]. De Rome retentit malheureusement plus souvent l'appel à la soumission de la conscience que l'appel à la révolte contre les inégalités sociales ; plus souvent l'appel au respect de lois désuètes et mortifères que l'appel à l'affirmation des droits et des libertés de tous !

---

1   Sept milliards d'humains, moins les non-chrétiens, les femmes, les homosexuels, les divorcés, les femmes qui ont avorté, etc., ça ne laisse qu'une bien petite minorité qui se croit « éclairée » !

Dans un de ses livres, Michel de Certeau nous invite à nous détourner, au moins momentanément, de l'action des puissants et à nous attarder plutôt aux tactiques de la vie, aux manifestations concrètes et réelles des choix et des façons de faire des individus : « [À] une production rationalisée, expansionniste, centralisée, spectaculaire et bruyante, fait face une production d'un type tout différent, qualifiée de "consommation", qui a pour caractéristiques ses ruses, son effritement au gré des occasions, ses braconnages, sa clandestinité, son murmure inlassable, en somme une quasi-invisibilité puisqu'elle ne se signale guère par ses produits propres [...] mais par un art d'utiliser ceux qui lui sont imposés [2]. »

Je nous invite à faire de même et à porter le regard sur l'engagement d'acteurs tels que vous, qui avez patiemment œuvré sur des « terrains » souvent modestes et profanes, au nom de Celui qui vous inspire. Vous avez investi votre cœur, votre intelligence et vos mains dans la construction d'un projet de société plus juste. Là sont des actions qui parlent un langage simple et vrai, un langage animé d'une espérance qui ne tarit pas. Là sont les mots

2 *L'invention du quotidien,* tome 1 : *Arts de faire,* Gallimard, 1990, p. 53.

qui doivent servir à exprimer la foi, à engager celles et ceux qui se questionnent sur leur chemin de vie.

La spiritualité, la foi et le désir de religion ne se situent pas au niveau de la raison instrumentale. Et ce n'est pas non plus dans le régime bureaucratique du Vatican que l'on trouvera l'Église « incarnée ». C'est plutôt dans la communauté des chrétiens inspirés du message évangélique et engagés en faveur d'un monde meilleur. La foi n'offre pas de réponses « rationnelles » devant l'organisation de l'univers et la misère humaine. Elle remplit toutefois d'espérance et de force celui ou celle qui se laisse habiter par elle. La foi s'enracine dans un espace autre, à la fois distinct de la raison et soumis à elle. Elle interpelle cette dernière et prend sans cesse forme dans la volonté de se mettre au service du prochain démuni, qu'il soit « plus petit » et « plus grand » que soi ; au service d'une humanité habitée de transcendance et imprégnée de sa nature de créature divine.

Mon enracinement particulier

À votre suite, j'aimerais maintenant parler des racines de ma foi, de quelques passages signifiants qui l'ont teintée et m'ont affermie dans mes croyances.

J'ai grandi dans une famille croyante qui exerçait acti-
vement sa foi dans son milieu. Aller à la messe le dimanche, célébrer les fêtes religieuses, faire sa prière le soir et
même, autrefois, « manger maigre » le vendredi : voilà des
activités plutôt traditionnelles auxquelles j'ai été habituée
par mes parents – au moins pendant les années de mon
enfance. Ces souvenirs trouvent écho dans ceux de quel-
ques-uns de mes congénères.

Plus particulier, toutefois, était l'engagement social de
mes parents. Ils s'activaient, ici, à construire une société
inspirée par l'Évangile. Ils se sont clairement engagés dans
la mouvance de Vatican II et du renouveau diocésain qui
invitaient les croyants à s'approprier leur foi, leur vie
ecclésiale, leur paroisse, leur milieu. Préparation au
mariage, conseil de pastorale, messe pour les enfants,
pastorale scolaire, parrainage de réfugiés vietnamiens et
cambodgiens, messe pour les travailleurs mexicains, animation de Noël et de Pâques, réfection de l'église parois-
siale, centre d'entraide familiale, logements sociaux, etc.
Mes parents ont investi leur temps, leurs énergies et, surtout, leur foi dans ces projets au service du prochain et
d'un monde meilleur.

Cet engagement bénévole n'est certes pas un phéno-mène unique, et nombre de parents en ont fait autant. Ce qui a été toutefois particulièrement marquant pour moi, c'est cet ancrage chrétien que les miens ont donné à leurs gestes. Ils n'ont jamais travaillé isolément ; ils se sont tou-jours appuyés sur leur communauté de foi et même au-delà pour organiser et, tout aussi important, pour « célé-brer » leur action sociale. Dans un esprit d'ouverture, les groupes de partage avec des amis paroissiens leur permet-taient de réfléchir au sens et aux valeurs de leurs actions et des situations, à la lumière de la Parole. Les soirées Relations ou Justice et paix, les cours de théologie et de pastorale, les retraites servaient de moyen pour s'appro-prier le discernement évangélique et en imprégner leurs engagements.

La foi dont j'ai hérité par le biais de la famille, mais aussi de la société, est une foi qui a des bras : elle est enga-gée dans la lutte pour la dignité de la personne et l'inclu-sion de tous. Chez nous, on a toujours chanté plus fort « Vivre debout / découvrir la vie / se donner la main / pour rebâtir le monde » que « Peuple à genoux / attends ta délivrance » ! Et ça, on ne me l'a pas prêché doctement ; on me l'a enseigné par l'exemple, par le don de soi dans le quotidien de la vie, par la fréquentation constante de la communauté comme lieu d'action, de célébration et de ressourcement. Une « sécularité d'inspiration chrétienne », comme vous l'appelez si bien : celle de croyants engagés dans leur vie et dans celle de leur communauté, dont les actions sont inspirées par les principes évangéliques sans toutefois qu'ils n'aient à le clamer sur tous les toits.

La foi dont je suis l'héritière, autant du point de vue familial que culturel, est aussi une foi qui a une tête bien solide. Pas question de se résigner à l'ordre établi ou de suivre docilement des préceptes et des prêches préfabriqués. Les réflexions de la raison et le discernement dans la prière servaient de moteur à l'engagement de mes parents. Ils y trouvaient un soutien et une inspiration pour répondre aux besoins rencontrés dans leur communauté, cherchant à incarner le message évangélique de manière adaptée. Encore aujourd'hui, mes parents s'inspirent de la Bible et de leur tradition de foi pour orienter et soutenir leurs actions. Chacun de leurs accomplissements constitue un pas de plus – le leur – vers l'incarnation du royaume de Dieu. L'Église est un véhicule pour leur engagement communautaire ; l'Évangile représente pour eux une source inépuisable de motivation à changer le monde.

Dans cette foi que l'on m'a transmise, ni dogme ni soumission *a priori*, mais plutôt une quête infinie de vérité profonde, de paix et de justice sociale réelle. Une foi soutenant une marche d'espérance vers une société plus juste et inspirant le dépassement pour construire inlassablement un monde meilleur, dès ici-bas. Comme vous, je puis dire : « Conscience sociale et foi intelligente dans le pays réel : tel fut [mon] plus précieux héritage. »

Le « lieu de l'autre », si près de nous

Une fois arrivée à l'âge adulte, j'ai ressenti – comme bien des jeunes que vous avez côtoyés – un impérieux besoin d'arrimer mes actions aux valeurs que je préconisais. Chez eux comme chez moi, « point de questions générales abstraites, mais plutôt [une démarche] très existentielle […]. Quelque chose comme un besoin vital de […] cohérence des diverses dimensions de la vie ». Le marché du travail que j'avais rejoint après mes études me semblait futile devant l'immensité des drames humains qui se jouaient de par le monde.

J'ai alors voulu me mobiliser pour soulager un peu la douleur de celles et ceux qui perdaient tout, souvent à cause de la folie des autres. J'aspirais à travailler auprès des réfugiés dans des lieux où sévit la guerre. J'étais prête à renoncer à tout! Cela avait plus de sens pour moi que de fonder une famille, aller « bosser » tous les matins, rentrer le soir, envoyer mes enfants jouer au soccer trois fois par semaine en attendant qu'ils aillent à leur tour « bosser ». Non pas que cela soit méprisable; mais je voulais que ma vie ait un relief différent, que mes actions quotidiennes soient habitées d'un sens plus vaste.

Je suis donc entrée en contact avec nombre d'ONG et de coopérants, à la recherche d'un véhicule qui me permettrait de réaliser mes aspirations. C'est finalement avec un regroupement de communautés religieuses missionnaires que j'ai entrepris une démarche de discernement en vue d'un éventuel départ à l'étranger. Que m'a apporté une telle démarche? En m'amenant à sonder les fondements de mon « désir d'ailleurs », j'ai découvert que partir au loin peut parfois n'être qu'une fuite...

Est-ce que d'agir comme coopérant de l'ONU rassérène quant à notre propre utilité dans la vie? Suffit-il en effet de prendre l'avion et d'aller dans ces parties du monde où l'eau potable est une rareté pour trouver sa voie? Suffit-il, pour que notre vie prenne soudainement sens, d'aller là où des sécheresses et des famines ont dévasté des terres et des peuples, où des dictateurs enrôlent les enfants et où des femmes sont victimes de violence ? Est-ce que de passer quelques mois en Haïti suffit à combler le vide qui nous habite ? Consacrer sa vie à la souffrance du monde est-il plus fructueux que de se dévouer à la souffrance de notre prochain immédiat, celui ou celle qui est tout près de nous ?

« Donner sa vie », ce n'est pas nécessairement aller ailleurs pour aider les autres ; ce n'est pas uniquement poser une suite de gestes visant à aider les gens. C'est au fond de nous-mêmes que réside le don. Si les missionnaires que j'ai rencontrés voyageaient de par le monde, c'était en fait au service de l'« humain » qu'ils donnaient leur vie. Ce don de soi se vivait d'abord là où ils se trouvaient, dans la simplicité du quotidien et de l'existence de leurs semblables. Leur amour du prochain leur donnait la patience d'un filet d'eau qui perce les murailles à force de persévérance. Certaines de ces gens avaient fait en eux tant de place à l'autre que leur cœur semblait contenir l'humanité tout entière !

Le plus grand des voyages, n'est-il donc pas celui que l'on fait dans l'ouverture à l'autre ? En se mettant à son écoute et en unissant notre destin au sien, ne serait-ce qu'un instant, dans un don qui nous dépasse ? Et comme vous le mentionnez si bien, comment peut-on réellement s'ouvrir et « être fécond si on n'est pas planté patiemment quelque part » ? Ce n'est pas le lieu ni la taille de l'œuvre qui déterminent la fécondité des actes. Votre vie témoigne avec éloquence que l'ancrage dans une foi, une espérance et un amour inébranlables est une source inépuisable et un moteur infatigable pour celles et ceux qui œuvrent, même séculièrement, à diviniser notre condition humaine et à soutenir l'Esprit présent en chaque personne.

Bien sûr, pas besoin d'être croyant pour offrir sa vie pour le soulagement des plus démunis, pour se donner corps et âme à une juste cause : des milliers d'hommes et de femmes de toutes confessions ou d'aucune œuvrent dans le monde pour soulager la souffrance. Leur action, faite au nom de la dignité humaine, vaut en tout celle de ceux qui se réclament de la foi. Les chrétiens ne sont pas plus valeureux que les autres dans leur action humanitaire ou communautaire. Vous le dites bien : la foi ne confère pas aux chrétiens ni à ses actions une « pertinence immédiate ». Ce n'est donc à mon avis pas parce que l'on est croyant que l'on est moralement supérieur. Ce qui fait la marque du chrétien, toutefois, c'est le sens qu'il donne à ses actions, devenues tout autant de moyens pour contribuer à faire émerger le Royaume auprès « des plus petits d'entre les siens » (Matthieu 25, 31-46). Le culte spirituel du croyant lui sert de cadre et de soutien moral pour agir, de même que d'inspiration constante à la persévérance. L'idéal d'un monde meilleur inscrit dans leur cœur, les chrétiens portent en eux une espérance soutenue par le message de l'Évangile, dont leurs actions témoignent.

La richesse de la foi est d'ériger le don de soi en chemin de vie et d'inviter le croyant à se donner pour son prochain – incarné par tous ceux et celles qui croisent sa route. Qu'il soit démuni, isolé, déficient, inadapté, affamé ou victime d'atrocité, l'autre devant nous est un enfant de Dieu. L'autre est en nous. Il est nous, unis que nous sommes par notre commune destinée humaine et notre communion dans le Corps du Christ. Comme vous le mentionnez, l'Évangile exhorte les croyants à s'exposer et à s'investir « dans les divers circuits du monde dit "profane" » afin de relever les défis qui se posent à chaque nouvelle génération. Une foi vivante doit être engagée dans les enjeux cruciaux de la cité, « dans les défis humains du monde, comme premier lieu du royaume de Dieu ». La foi nous interpelle à ce don de soi qui va au-delà des actions mécaniques et remplit d'espoir avant même de nous conduire à l'action.

Espérance et pardon

La foi ne m'apparaît pas comme une doctrine que l'on placarde sur la vie pour l'aplanir et la dominer. Elle est plutôt pour moi comme un relief sans fin, aux paysages multiples et souvent insoupçonnés. L'appel de la foi est celui d'une route sinuant entre des collines qui souvent bloquent la vue, mais peuvent aussi offrir au détour de magnifiques perspectives, inaccessibles si l'on n'avait pas emprunté le chemin. Parfois ardue, c'est au dépassement que cette voie nous invite, c'est à une rencontre unique avec Dieu, avec soi et avec les autres qu'elle nous convie. On s'y engage les yeux grands ouverts, conscients de la liberté qui nous est octroyée et de l'infaillible amour divin dont nous sommes enveloppés. C'est un chemin qu'il nous arrive de redouter, mais qui ne révèle toutes ses beautés que lorsque la peur cède le pas à la confiance.

Le titre de votre lettre nous invite à « accueillir l'inespéré ». Drôle de proposition pour qui n'aurait pas la foi :

peut-on se préparer à recevoir ce qu'on n'espère pas? La spécificité de la foi chrétienne est celle d'une alliance nouvelle – en, avec et par le Christ ressuscité pardonnant les péchés et renouvelant ainsi constamment l'espoir. Les limites du possible s'en trouvent repoussées, puisqu'elles ne sont plus déterminées par notre simple capacité humaine, mais plutôt par la puissance de renouveau de l'Esprit à l'œuvre dans notre humanité.

Nombreux sont celles et ceux qui, au fil de l'histoire, ont pensé que le soufflet sur la joue gauche après celui sur la droite (voir Matthieu 5, 39) était un non-sens, un appel à se laisser piétiner, à se laisser marcher dessus. Gandhi a certes offert une autre interprétation de cette parole. Il nous a fait comprendre que les acquis obtenus par la violence et la vengeance laissent en nous une trace indélébile, « ternissant notre âme ». Un outrage ne doit pas être résolu par un autre, puisque la victime se transforme à son tour en agresseur; le gain obtenu ne serait alors que le gain de la force pouvant être repris encore et encore par cette même force changeant de mains. En revanche, le gain obtenu par le dialogue, l'écoute, l'ouverture et la négociation est celui de la justice. Il ne prend pas comme compensation du gain la dignité de celui qui l'a obtenu.

Ainsi, ce n'est pas à la soumission que la non-violence nous invite, mais bien à la préservation de la dignité humaine.

La parole de la joue gauche nous invite par ailleurs à quelque chose de plus grand encore : à la bonne nouvelle de l'Évangile, celle de l'amour infini de notre Père et du pardon de nos péchés. Et je crois que c'est là le message le plus fort de tous : la joue gauche que l'on tend, ce n'est pas tant celle de l'affront répété, mais celle de l'espoir, celle d'un corps résilient qui sait reprendre ses sens, refaire sa naïveté et tenter un nouveau départ. C'est le message de la persévérance devant l'adversité, mais aussi du perpétuel renouvellement de l'ouverture, même lorsque l'on a été blessé, que l'on blessé ou que l'on s'est blessé soi-même.

En effet, le pardon que l'on croit si aisément destiné aux autres, c'est d'abord à soi qu'on doit l'accorder en le recevant du Père : « Pardonne-nous nos péchés comme nous pardonnons aussi à ceux qui nous ont offensés. » La proposition est double : elle nous invite à pardonner à l'autre, mais à la mesure du pardon que l'on offre à soi-même en le recevant de Dieu. Dans un monde d'instantanéité où tout est si vite consommé, c'est au fond de nous que demeurent les traces de nos erreurs. Elles nous bloquent la vie, immobilisant notre conscience à des instants douloureux, à des blessures que nous nous sommes infligées ou que nous avons infligées aux autres. Pour y remédier, notre société a créé de nouveaux lieux de pardon de soi que l'on appelle « thérapie ». Le message évangélique nous accompagnait pourtant depuis longtemps dans cette démarche libératrice et porteuse de vie.

Nos Églises et le Vatican

Par un devoir de transmission et un souci de transcendance, vous conviez notre société à ne pas rejeter le rôle de médiation que recèle la religion dans l'expérience humaine. Or, nombre de nos contemporains soutiennent : « Ma spiritualité, c'est entre moi et mon Dieu. » D'accord. Mais j'aimerais répondre : « À quoi ton Dieu t'invite-t-il ? Pour quel type de relations avec les autres ton Créateur t'a-t-il fait ? Es-tu porteur d'une espérance de vie particulière ? » Sans mise en commun et sans partage, la spiritualité peut demeurer une zone informe de l'être, une présence imprécise qui, au mieux, accompagne les aléas de la vie, mais qui n'appelle pas au dépassement et qui ne s'inscrit pas dans le monde réel environnant. Or

– comme vous le dites – pour s'épanouir, la foi nécessite
« un renouvellement incessant et un renforcement mutuel
de l'intériorité et de l'engagement ».

Évidemment, devant ces questions existentielles que je
viens d'énumérer, les chrétiens – à l'instar des autres
croyants – ont diverses propositions à offrir. Pouvons-
nous affirmer que nous avons les seules « bonnes réponses » ? Une telle prétention serait un signe de fermeture au
monde et aux autres incompatible avec l'Évangile.

La comparaison des valeurs sous-tendues par les diverses religions met parfois en lumière de grandes différences. Cela est certainement un appel à la recherche et à la
mise en place d'un dialogue interculturel et religieux
capable de vaincre les errances extrémistes et intégristes
de certains groupes religieux, y compris celles du christianisme. Aussi meurtrières que peuvent être certaines mou-
vances dans les autres religions, elles ne constituent pas
plus l'essence de ces traditions que les conquistadors et
l'Inquisition n'ont été l'essence de la nôtre. C'est donc
surtout au fondement commun des discours religieux
que l'on devrait s'attarder : la quête d'une justice, d'une
paix et d'une vérité propices à l'établissement de la dignité
humaine, du respect des autres et de la bonté à l'égard de

ceux qui souffrent. Les chemins préconisés pour y parvenir peuvent varier, mais la foi religieuse peut être sans conteste un moteur puissant pour bâtir une cité meilleure.

La prière, les lectures, les célébrations et les échanges en communautés de croyants – de la paroisse au simple groupe de partage, en passant par les communautés de base – permettent de se recueillir et de discerner à la lumière de la Parole, d'affronter ses doutes et de s'interroger, de nourrir ses convictions et de les mobiliser ensuite au service de l'action. L'institution qui maintient ces espaces communautaires sert aussi de point de rassemblement, de ressourcement et de transmission d'une foi incarnée. Rassemblés dans un lieu physique et spirituel, les croyants peuvent se reconnaître entre eux et célébrer en commun ce Dieu qui inspire leurs actions et anime leurs espoirs.

Vous l'avez rappelé : par sa stabilité, l'institution religieuse incarne la tradition et la durée, articulant le passé avec le présent et les arrimant tous les deux au domaine du possible, le futur. Les rites sont de précieux marqueurs de ce déroulement signifiant du temps et des phases de la vie. La naissance, le mariage, la mort et le pardon sont des passages humains qui se trouvent enrichis par des rassemblements de croyants qui leur attribuent une signification transcendante conférée par la foi. La perpétuation de ces symboliques rituelles par les groupes de croyants, au nom d'une tradition qui nous dépasse, est une grande richesse à découvrir à travers les mots et l'ouverture du dialogue.

L'institution revêt donc une importance pour moi. J'y vois un espace de croissance, d'inscription, de soutien et de réconfort. Mais tout comme vous, je suis déchirée entre ce « désir d'institution » incarnant un chemin de vie auquel les croyants sont conviés, et les impasses totales dans lesquelles s'enlise trop souvent le catholicisme « romain ». Mon besoin et mon désir sont grands d'avoir un lieu d'ancrage spirituel – et heureusement nombre de personnes et de lieux de foi que j'ai fréquentés ont su me l'offrir. Mais comment puis-je dissocier ces incarnations concrètes de ma foi catholique des messages contradictoires et irrecevables que ses dirigeants envoient trop souvent à l'humanité ?

Les trois moments de « profondes tensions avec l'institution » que vous relatez dans votre lettre vous font dire que l'Église catholique, « en refusant les débats de fond et même la moindre dissidence, provoque actuellement son propre rejet ». Malgré mes multiples rencontres avec des croyants engagés et signifiants, je ne peux qu'adhérer à ce mouvement de critique de l'institution. Ainsi, ma foi est souvent « orpheline », sans lieux, sans ancrage institutionnel, parce que des hommes ont monopolisé cette tradition qui devrait être mienne et celle de tous les disciples du Nazaréen. J'espère donc trouver un jour un véritable « lieu » qui pourrait m'accueillir telle que je suis, avec ma foi et mes questionnements, et où je puisse cheminer librement. Comme vous, j'en appelle à une Église plus modeste, qui ferait le pari de l'ouverture et de la semence plutôt que celui du dogme et de l'autorité. Une Église qui travaillerait plus ardemment à construire des espaces communs de foi, d'espérance et d'amour en action, plutôt que de délimiter les frontières de l'exclusion et de la condamnation.

Ainsi, l'Église à laquelle j'adhère n'est pas d'abord celle du Vatican. Car l'Église, c'est nous ! Nous qui nous nous réclamons de l'Évangile pour inspirer notre action. « Là où vous serez réunis en mon nom, je serai au milieu de vous », nous dit Jésus (Matthieu 18, 20). C'est dans l'humain qu'il faut donc le trouver. Voilà pourquoi c'est sur l'humain, à la suite de Jésus, que je veux miser ma foi, mon espérance et mon amour. Je veux aussi miser sur ces cercles de partage et d'engagement que sont encore parfois nos Églises locales, mais aussi et surtout sur ces témoins signifiants, incarnant l'Évangile par leurs actions et leurs réflexions – comme vous et comme tant d'autres l'avez fait et le faites encore.

Quelques grains dans le sillon

Dans une culture qui a perdu ses repères religieux, qui les a évacués et les a remplacés par tant et tant d'autres, comment même faire comprendre ce qu'est le geste de croire? Comment dire à une culture qui s'ancre dans la raison instrumentale et l'émotion irrationnelle, que la foi fait appel à une autre dimension de l'être, un espace de grâce dans lequel notre âme rejoint celle des autres dans une humanité inspirée? Comment faire saisir à l'autre la possible imbrication de la foi et de la raison, sans nécessairement aliéner celle-ci à celle-là? Et comment présenter la formidable aventure à laquelle une foi engagée nous convie?

J'ai voulu, dans ces lignes, offrir quelques mots pour décrire la foi d'une trentenaire qui, en somme, n'est pas si différente de la vôtre : une foi incarnée, engagée, ancrée dans son siècle et sa communauté – et, par-dessus tout, enracinée dans l'inlassable espérance d'un monde meilleur. Si notre foi commune diffère sur quelque chose, c'est que les institutions qui ont bercé la vôtre, au Québec, semblent aujourd'hui en déroute, renvoyées aux oubliettes en l'espace d'une génération. Nous voici souvent privés de mots et de lieux, mais solidaires de toutes ces personnes de bonne volonté et aux croyances diverses qui peuplent notre terre. Avec elles, nous partageons – comme vous le soulignez – « l'ampleur planétaire des soucis » et la sensibilité « aux défis de la mondialisation et de nos cités de plus en plus cosmopolites ». Vous en appelez à une foi plus modeste et pertinente : c'est la seule voie qui me semble possible et praticable à notre époque. Encore faudra-t-il que cette foi puisse s'exprimer et croître parmi celles et ceux qui en nourrissent leurs actions !

Les mots – comme je l'évoquais au commencement de cette lettre – sont en effet le véhicule de la culture, de la communauté, de la reconnaissance et de l'échange… Sans ce véhicule, la foi et la spiritualité ne sont qu'une sorte d'atmosphère dont la profondeur est difficilement explorable. Or, vous lire et vous écrire a été pour moi l'occasion d'une belle exploration. Vous nous dites que le temps évangélique « est toujours le temps des semences ». Les propos que nous avons échangés seront tombés comme quelques grains dans le sillon… Deux générations se rencontrent pour se rappeler une grande invitation : « accueillir l'inespéré » comme le signe de l'Esprit à l'œuvre en chacun de nous. Qui sait la forme que prendront les pousses imminentes ?

Une Église en mal de réconciliation

Élisabeth J. Lacelle

COMMENT TRANSMETTRE la foi que j'ai reçue en héritage et que j'ai vécue, engagée sur le plan théologique et pastoral dans une Église, certes remise en question sur bien des points, mais animée du souffle d'espérance qu'a été le concile Vatican II (1962-1965)? Sous une gouvernance restauratrice et centralisatrice, cette Église s'est repliée de nouveau sur elle-même, comme sur la défensive, dès les années 1980. On a fermé les fenêtres que Jean XXIII avait voulu ouvrir pour la rajeunir et l'aérer de vent évangélique. Au point que son témoignage de communauté de femmes et d'hommes intégralement sauvés en Jésus Christ, dans l'histoire et au cœur de la création, se trouve souvent et gravement compromis.

Vous m'invitez à vous parler de mon engagement dans l'Église, en particulier dans la recherche de son authenticité comme communauté de femmes et d'hommes « grâciés » en Jésus Christ. Vous êtes de ceux et celles qui croient que l'Évangile libère et qu'il est ferment d'une communauté, l'Église, dépositaire de la Parole et du service du salut pour les transmettre d'une génération à l'autre. Vous voulez vous engager de manière à ce que l'Évangile demeure ce ferment dans nos milieux et dans la société. Je m'en réjouis. C'est ce qui m'amène à répondre à votre invitation.

Un automne en mémoire

Je voudrais d'abord faire mémoire de l'automne 1984, car il a été le théâtre d'un événement qui a fortement secoué la communauté ecclésiale catholique romaine du Québec et du Canada. « Mise à part la visite du pape – titrait Jean-Pierre Proulx dans *Le Devoir* du 31 décembre 1984 –, le débat sur le rôle des femmes dans l'Église demeure le phénomène religieux de l'année. » L'assemblée plénière de la Conférence des évêques catholiques du Canada (CECC), qui s'était tenue cette année-là du 22 au 26 octobre, à Ottawa, avait brutalement mis au jour la condition ecclésiale des femmes dans l'Église. Alors que des ouvertures s'étaient tracé un chemin depuis la fin des années 1970 – les évêques canadiens y ayant contribué courageu-

sement –, des résistances tenaces entretenues par les politiques romaines resurgissaient. Que s'est-il donc passé?

En 1982, un comité *ad hoc* chargé d'analyser la situation des femmes dans l'Église avait été mis sur pied par le
conseil d'administration de la CECC. En octobre 1983,
l'archevêque de Québec, Mgr Louis-Albert Vachon, avait
fait une intervention remarquable au Synode romain qui
portait sur le thème : « La réconciliation et la pénitence
dans la mission de l'Église ». Le comité *ad hoc* y avait
contribué. Mgr Vachon avait alors affirmé, à propos du
document de travail synodal : « L'*instrumentum laboris*,
au n° 41, propose que "certains dialogues progressent au-
dedans de l'Église d'abord [...] avant qu'ils soient établis
ensuite avec le monde". On voit dès lors l'importance et
l'urgence de promouvoir le dialogue hommes-femmes
dans l'Église comme un lieu essentiel de reconnaissance
mutuelle et de réconciliation. » C'est justement l'épreuve
de la viabilité de ce dialogue qui a surgi en 1984.

À l'assemblée plénière de la CECC, cette année là, les
membres du comité *ad hoc* ont vécu une fin de non-
recevoir de leur parole. En effet, le cardinal Emmett Carter
de Toronto, dans une lettre lue par son auxiliaire d'alors,
Mgr Aloysius Ambrozic (le cardinal s'étant retiré de
l'assemblée la veille), accusait le comité d'avoir déposé un

rapport faussé sur la situation des femmes dans l'Église, dans l'intention de semer la division : rien de moins qu'un procès d'intention ! Faisant fi des interventions des évêques qui le demandaient, le président d'assemblée, Mgr John M. Sherlock, de London, a refusé de donner la parole aux accusées. Des évêques qui, la veille, s'étaient montrés favorables au rapport et aux recommandations dans leur ensemble, sinon dans tous les détails, ont fait volte-face pour appuyer ce procès d'intention. Pour les membres du comité *ad hoc* qui avaient consacré deux ans de travail soutenu à ce document, l'épreuve a été très dure.

Revenus de leur surprise devant une telle charge, les évêques favorables aux travaux du comité ont repris la discussion le lendemain. En leur nom, Mgr Vachon a d'abord loué ces travaux : « Les présentations que nous avons entendues dès mardi matin exprimaient de façon évidente la qualité du travail accompli [par le comité], le désir des membres de respecter le mandat qui leur avait été confié par les évêques, leur souci de refléter au mieux les préoccupations et les attentes des femmes de l'ensemble du Canada vis-à-vis l'Église. Tout cela suppose de leur part une somme considérable de travail et nous leur en savons gré. Vous avez constaté vous aussi l'intelligence et la générosité de leur participation à promouvoir une communauté ecclésiale qui soit vraiment attentive aux signes des temps. » Puis, il a fait état du malaise qu'avait soulevé la lettre du cardinal Carter : « Cependant, ne faut-il pas le reconnaître, de tels sentiments de gratitude peuvent nous paraître un peu ternis en raison d'un certain malaise que, peut-être, je ne suis pas seul à éprouver ? [...] je crains que certaines questions ou objections soulevées au cours de nos échanges n'aient été perçues et reçues comme un jugement, voire comme un procès d'intention à l'endroit des membres du comité *ad hoc*. Ne faut-il pas craindre également que cette impression ne soit partagée par bon nombre de femmes qui, à travers tout le Canada, ont participé au processus de consultation du groupe de travail en qui elles avaient mis beaucoup d'espoir ? » Il invoque alors son intervention au Synode romain de l'automne précédent : « Étant donné la nature du Synode de l'an dernier et de l'intervention que j'y ai faite en votre nom, vous ne vous étonnerez pas que je situe mon propos dans une optique de réconciliation »[1].

---

1   *L'Église canadienne*, 15 novembre 1984, p. 170. Pour une analyse de tout l'événement, voir M.-A. Roy, « Le changement de la situation des femmes dans le catholicisme québécois », *Sociologie et sociétés*, octobre 1990, p. 95-114.

Aujourd'hui

L'Église catholique romaine a-t-elle changé depuis, au plan institutionnel, avec toutes ses implications non seulement pour la vie des femmes baptisées, mais aussi pour l'ensemble de la vie de l'Église ? Un communiqué de l'archidiocèse d'Ottawa, que je recevais 20 ans après ces événements, servira d'illustration. Il annonce qu'« ont été instituées au ministère de la Parole quatre personnes [*sic*] en route vers le diaconat ». En fait, il s'agit de quatre hommes ! Aucune chrétienne de tradition catholique romaine, plus de deux décennies après ce fameux automne de 1984 et, surtout, plus de 2000 ans après la Pâque du Christ, ne peut être ordonnée diacre. Aucune ne peut être instituée au ministère de la Parole.

Le dialogue s'est-il amélioré ? À l'été 2004, la Congrégation pour la doctrine de la foi a publié une *Lettre aux évêques de l'Église catholique sur la collaboration de l'homme et de la femme dans l'Église et dans le monde*. La lettre est écrite par des hommes, évêques et cardinaux. Elle s'adresse à des hommes évêques, sans la collaboration – du moins du point de vue des signataires et des destinataires – de femmes.

Notre communauté ecclésiale n'a toujours qu'une parole pour exprimer officiellement sa foi et pour gouverner pastoralement l'Église : la parole d'hommes clercs célibataires. Or, comme l'enseignent la psychanalyse, une longue tradition philosophique et la tradition chrétienne elle-même – dans sa foi en l'incarnation de la Parole de Dieu en Jésus Christ –, advenir à sa parole, c'est advenir pleinement à son identité de sujet, à sa dignité de personne. La baptisée qui est exclue de la vocation à la Parole et au service ordonné dans la tradition catholique romaine, n'est pas un sujet à part entière dans l'Église. Elle représente la condition du baptisé non-clerc, qui lui non plus n'a pas de parole autorisée dans l'Église. Toutefois, alors que le baptisé laïc peut être admis au ministère sacerdotal s'il en a la vocation, la femme baptisée, elle, est destinée au laïcat pour toujours : ce serait inscrit dans son être de personne sexuée, dans sa chair.

Comment, dans sa constitution actuelle, l'Église peut-elle témoigner d'une communauté qui rassemble des sujets pleinement reconnus dans leur identité personnelle sexuée ? Comment sa parole magistérielle, exclusivement masculine et célibataire, peut-elle être reçue comme pertinente pour une humanité « créée homme et femme à

l'image de Dieu »? L'Église catholique actuelle ne représente-t-elle pas plutôt une communauté en mal de son
intégralité humaine ? Elle est souvent perçue comme telle,
au point que ses discours sur l'être humain sont de moins
en moins percutants dans la société, dans les autres traditions chrétiennes et dans certaines de ses propres communautés ecclésiales. Sa réclamation d'« expertise en
humanité » ne passe pas. La non-reconnaissance, par ceux
qui la gouvernent, de l'intégralité humaine et baptismale
de la femme compromet l'authenticité du message évangélique. Cette prise de conscience m'a amenée à risquer
ma part de parole théologique, d'espérance toujours, au
service de la recherche de la réalité de la grâce de Dieu
pour l'humanité, femme et homme, et pour l'univers.

Je crois que l'Église porte en germe une humanité
réconciliée. Toutefois, dans sa condition historique, elle
a encore à se laisser réconcilier par Dieu en tant que communauté humaine intégrale. Elle a encore à advenir à
l'être humain nouveau, celui que Jésus Christ a instauré,
transfiguré dans sa chair (Éphésiens 2, 14-16) et que l'apô-
tre Paul a proclamé, à contre-courant et au prix de sa
réputation apostolique, dans les communautés judaïsan-
tes de son époque. L'épître aux Éphésiens établit cet être

nouveau, réconcilié, comme le fondement de la citoyen-
neté dans la maison de Dieu, de la « concitoyenneté des
saints », de la famille de Dieu : « Ainsi vous n'êtes plus des
étrangers, ni des émigrés [qui pouvaient résider en terre
sainte mais n'avaient pas plein droit de cité] ; vous êtes
concitoyens des saints, vous êtes de la famille de Dieu.
Vous avez été intégrés dans la construction qui a pour
fondation les apôtres et les prophètes, et Jésus Christ lui-
même comme pierre maîtresse. C'est en lui que toute
construction s'ajuste et s'élève pour former un temple
saint dans le Seigneur. C'est en lui que, vous aussi, vous
êtes ensemble intégrés à la construction pour devenir une
demeure de Dieu par l'Esprit » (2, 19-22).

La grâce baptismale

Le mystère de l'Église, Corps de Jésus Christ, sa chair,
chair des baptisés femmes et hommes, les uns et les autres
parties prenantes et membres de ce Corps[2], je l'ai découvert à un moment de ma vie où j'expérimentais une
épreuve de stérilité apostolique. Dans la prière, j'ai alors
pris conscience du don inouï de la grâce baptismale.

---

2   Voir J.-M. R. Tillard, *Chair de l'Église, chair du Christ – Aux sources de l'ecclésiologie de la communion*, Cerf, 1992.

Enfant de Dieu, le Christ vit en moi – comme le dit Paul –, inséparable de l'Église, son Corps dont je suis un membre. J'ai part entière à l'être de l'Église, à son envoi au service du don de la grâce. À ce moment, j'ai compris que l'Église m'habite et que, en ce sens, je suis l'Église : elle en moi, moi en elle, par tout ce que je vis.

Ce don me paraissait tellement extraordinaire que j'ai demandé conseil. Il m'a été dit : « C'est cela l'identité et la vocation chrétiennes. » C'était au début des années 1960, quelques années avant que j'entreprenne des études théologiques. J'étais sur le seuil d'une demeure qui allait m'ouvrir des portes sur l'Église, sa réalité de grâce et son institution : d'espérance et d'émerveillement, de souffrances et de détresses aussi.

La foi continue à me soutenir. L'Église, pour moi, est au service d'un ministère de réconciliation, de création nouvelle (2 Corinthiens 5, 17-20), partout où il y a des humains en attente, non de jugement et d'exclusion, mais de délivrance. De même pour l'univers, partout où il est en attente de salut. Le concile Vatican II a d'ailleurs ramené à notre conscience cette vision de l'Église et de la grâce baptismale.

Dans ce contexte, deux voies m'ont paru importantes à suivre. Premièrement, la recherche d'une Église qui se laisse réconcilier à son humanité intégrale constituée de femmes et d'hommes, cohumanité à l'image de Dieu. Deuxièmement, la recherche d'une Église qui se laisse réconcilier à sa réalité d'unique Église du Christ, dans la reconnaissance mutuelle des Églises vers laquelle la conduit l'Esprit qui anime le mouvement œcuménique depuis le début du xxᵉ siècle.

Ces deux voies se croisent car, à long terme, la réconciliation entre les hommes et les femmes (dans l'Église et les Églises) n'est pas séparable de l'unité de l'Église et de la relation entre l'Église et le monde[3].

S'engager sur ces voies, c'est passer par la détresse du mal de réconciliation, là où il persiste dans l'Église, et la traverser. N'est-ce pas ce que Jésus Christ nous laisse de fondamental, ayant vécu et parlé de cette détresse sur les routes de la Galilée et de la Judée et jusque dans sa mort ? Pour manifester les effets de la Bonne Nouvelle dans la vie des gens de son peuple, il ne se tenait pas dans les lieux fréquentés par les riches et les puissants, religieux ou civils.

---

3   Voir É. Parmentier, *Les filles prodigues*, Labor et Fides, 1999, p. 271-274.

Il n'a pas pris les routes délimitées et ordonnées par ces pouvoirs pour œuvrer à la gestation et à l'émergence du peuple de la grâce, l'Église de Dieu. Il a plutôt pris les routes des femmes et des hommes qui aspiraient à devenir des êtres humains à part entière, à être reconnus dans l'intégralité de leur personne, devant Dieu et entre eux. La communauté des disciples, apôtres et prophètes, est née de ce mode de vie nouveau, au point de choquer les bien-pensants – tous les écrits du Nouveau Testament en témoignent. Cette communauté a accueilli la Parole et le service évangéliques selon ce mode de vie nouveau. Elle a été « instituée » pour cette Parole et ce service. Elle en est dépositaire. Cette Église des baptisé(e)s, peuple de Dieu, Corps de Jésus Christ, c'est toi, c'est nous ! Aucune puissance ne peut nous enlever la grâce de cette identité baptismale.

La détresse de la non-reconnaissance

C'est pourquoi la détresse de l'Église la plus difficile à admettre et à dire, celle qui engendre toutes les autres, c'est sa lenteur à se réconcilier avec l'être humain baptisé, sujet intégral de sa vie personnelle et ecclésiale. Il faut vivre et traverser cette détresse si l'on croit que l'œuvre de salut en Jésus Christ consiste à redonner à l'être humain sa dignité de sujet à part entière, en commençant par ceux et celles qui constituent l'Église, son Corps dans l'histoire. En effet, l'œuvre de la réconciliation en Jésus Christ englobe l'existence humaine dans son ensemble. Dans l'enseignement paulinien, cette œuvre est un échange (*katallagè*) inouï entre Dieu et l'humanité en Jésus Christ, dans sa chair, au point qu'un être humain nouveau (*kaînos anthrôpos*) en naît (Éphésiens 2, 11-19).

Réconcilié avec Dieu dans cet échange, l'être humain se réconcilie avec lui-même et avec les autres. L'acte premier de cette réconciliation avec les autres consiste à les reconnaître dans toute leur dignité : concitoyen(ne) des saints, sans distinction de race, de classe et de sexe (Galates 3, 26-29). Cet acte amène aussi ce que j'appelle une « réciprocité de grâce » – c'est-à-dire ce rapport nouveau, de droit baptismal, qui s'établit entre ceux et celles qui sont faits « justes » en Jésus Christ. Tant que cela ne s'est pas pleinement réalisé, l'œuvre de la réconciliation évangélique reste inachevée dans l'Église et dans le monde. Ou bien on y croit et on s'y engage ; ou bien on n'y croit pas vraiment, et c'est une humanité où persiste l'aliénation de certains par d'autres que l'on génère.

Ainsi, aussi longtemps que la législation catholique romaine ne reconnaîtra pas les femmes baptisées comme des membres à part entière de l'Église, elle témoignera d'une humanité mutilée, non d'une humanité réconciliée en Jésus Christ. C'est le cas lorsqu'elle statue que, sur la base de son identité de personne sexuée, la chrétienne de tradition catholique romaine est exclue de la vocation ministérielle qui régit l'ensemble de la vie de l'Église, tant sur le plan magistériel et juridique que sacramentel et pastoral. Il faut espérer que la femme advienne à sa dignité de sujet à part entière dans l'Église catholique, comme cela est reconnu et pratiqué dans d'autres Églises chrétiennes. On peut dire la même chose de la reconnaissance du laïc en tant que sujet dans l'Église.

Cette dernière ne manque pourtant pas de beaux textes sur la dignité de la personne. L'affirmation de cette dignité de la femme et de l'homme parcourt la Constitution conciliaire *L'Église dans le monde de ce temps* et sa vision ecclésiale du dialogue avec le monde. Mais l'institution ecclésiale n'en dégage pas encore toutes les implications.

En 1946, le théologien et œcuméniste Yves Congar se désolait d'une vision de l'Église comme communauté dont était absente une théologie du sujet, « de la puissance de création et d'apport qu'il y a dans le sujet ». Le problème est toujours là, prégnant dans la vie de l'Église. Il la sape de l'intérieur. Les laïcs (en général) et les femmes (en particulier) l'expérimentent, entre autres lors de synodes diocésains. Combien ont vu après des mois, parfois même des années de travail et de collaboration, leurs recommandations – même adoptées par une majorité de participant(e)s – être déclarées nulles ou inopportunes parce que non conformes à certaines positions du magistère romain? On aura beau dire de l'Église catholique qu'elle est une communion, elle ne sera ni perçue ni crue comme telle tant que les Églises locales ne seront pas reconnues comme Églises sujets de cette communion; et leurs baptisés – femmes et hommes –, véritablement coresponsables de la communion. L'unité de l'Église catholique romaine en dépend. L'unité des Églises en dépend aussi.

La détresse du difficile dialogue

Cette détresse de la non-reconnaissance des baptisé(e)s en entraîne une autre: celle du très difficile et souvent impossible dialogue dans l'Église. Pour qu'il y ait véritable dialogue, il faut reconnaître l'autre comme interlocuteur ou interlocutrice. Il faut aussi admettre que la vérité évangélique n'est pas inscrite dans un bloc de pierre, mais livrée à un cœur de chair – pour reprendre l'image du prophète Ezéchiel. L'Esprit « qui demeure auprès de vous et en vous, dit Jésus aux disciples (Jean 14, 17), vous fera accéder à la vérité tout entière et vous communiquera tout ce qui doit venir » (Jean 16, 13). Cet Esprit est actif dans l'Église aujourd'hui, en nous qui sommes les membres du Corps du Christ. Il fonde et appelle le dialogue en Église.

Or, il arrive que toute possibilité de dialogue ou de débat sur des questions qui concernent la vie de ses membres est bloquée dans l'Église catholique. C'est ce qui se produit à propos de la place des femmes baptisées en tant que sujets ecclésiaux à part entière. Des communautés sont prêtes à accueillir des agentes de pastorale ordonnées. Des baptisées vivent l'appel à la vocation sacerdotale ministérielle. Pourtant, toute parole qui peut émerger de ces baptisé(e)s en Églises locales ou en groupes de croyant(e)s est refusée, refoulée, déclarée nulle ou erronée. La parole est ligotée.

C'est le cas pour d'autres paroles, comme celle des baptisés divorcés remariés qui sont exclus de la communion eucharistique. Des évêques ont tenté de faire remonter cette parole, sans succès, au Synode romain sur l'eucharistie d'octobre 2005. Des groupes de baptisés qui vivent ce drame ont-ils pu s'exprimer? Qu'est-ce qui a été confié à l'Église catholique romaine qui ne l'a pas été aux autres Églises dont les pratiques communionnelles diffèrent sur ce point?

Parler c'est être, c'est faire être. L'être humain devient un adulte, une personne intégrale, dans la mesure où il advient comme sujet «parlant». Il peut alors se poser en face de l'autre et lui permettre de se poser en face de lui: entrer en conversation, échanger, dialoguer. Ce qui devrait donc nous affliger et nous indigner le plus, en tant que disciples de Jésus Christ, c'est de voir des baptisé(e)s, membres de son Corps, privé(e)s de parole: leur parole niée ou ignorée, individuellement et en groupe, voire en l'Église locale. Les effets de cette aliénation minent l'ensemble de l'existence ecclésiale, de la même manière que la violence entretenue et non dite sape une communauté humaine. Jésus a connu l'épreuve de la parole refusée, ignorée et méprisée. Les chefs religieux de son temps sont allés jusqu'à pervertir le sens de sa parole. Mais lui n'a jamais cessé d'aller à la rencontre de ceux et celles de son peuple dont la parole était ligotée. Il les a rendus à leur parole, la première : leur affirmation comme sujets croyants. « Ta foi t'a sauvée », répétera-t-il souvent. Et il nous a offert le salut dans un dernier souffle, un cri, son acte de liberté ultime. Depuis, là où nous prenons la parole, là où nous avons le courage de la faire émerger dans l'Église – laïcs, pasteurs et pasteures, évêques – l'œuvre de la réconciliation de Dieu s'accomplit.

La détresse de la vie sacramentelle
Une troisième détresse est liée aux deux autres : celle de la vie sacramentelle dans l'Église, sa détérioration dans de nombreuses régions du monde. Selon la tradition catholique romaine, les sacrements sont les signes et les moyens de croissance et de vitalité d'une existence dans la foi. Parmi les sacrements, l'eucharistie est au centre. La communauté ecclésiale se réunit le dimanche pour célébrer sa foi en faisant mémoire de la mort et de la résurrection de Jésus Christ et les fidèles sont revigorés, individuellement et comme communauté ecclésiale, en communiant à sa Parole et à son Corps.

Or, dans nos milieux, nous vivons de plus en plus de « jeûnes » eucharistiques par manque de ministres ordonnés. La vie sacramentelle se voit ainsi gravement anémiée.

La détresse des fidèles qui souffrent de ce manque ne peut pas nous laisser indifférents. Pourquoi les garde-t-on dans cette détresse? Pour maintenir, sans justification théologique convaincante, l'exclusion des femmes baptisées de tout ministère ordonné. Et pour maintenir, en ce qui concerne l'exclusion des hommes mariés au ministère presbytéral, une discipline ecclésiastique qui ne remonte pas aux apôtres. Est-ce là fidélité à l'Esprit qui habite l'Église? L'Esprit ne gémit-il pas au milieu de ces communautés et dans la parole de ces baptisés privés de célébration eucharistique? Il n'y a pas que les laïcs qui souffrent de cette détresse dans nos milieux. Beaucoup de prêtres aussi l'éprouvent profondément.

Ces trois détresses sont reliées entre elles. Elles sont un mal de réconciliation latent qui atteint nos communautés de foi et l'Église dans son ensemble. Comment ne pas voir le fossé qui se creuse entre l'Église des ecclésiastiques à Rome et nos Églises locales avec leur grand nombre de baptisé(e)s que ces détresses dispersent de plus en plus?

Une Église en attente de renaissance

C'est au cœur même de ce fossé creusé par ces détresses que vous devrez vous tenir. Vous aurez à les traverser pour pouvoir les exprimer et les porter à la conscience ecclésiale à votre tour. Position peu confortable. Un fossé peut, toutefois, être autre chose qu'une cassure séparant deux espaces. Il peut aussi servir à drainer les eaux, à irriguer. Il devient alors un lieu d'où l'on peut redonner une chance à la vie, en puisant au meilleur des sources dont on dispose.

Là où il y a détresse de la reconnaissance du sujet, nous pouvons communier à l'Esprit qui nous fait sujets de la foi par notre baptême et nous confirme, par la grâce qui en découle, en sujets responsables en Église et dans le monde. Là où le dialogue est rendu impossible, nous pouvons ouvrir des lieux, entre croyant(e)s, pour partager des projets d'Église renouvelée et créer des réseaux de communion ecclésiale. Pensons au réseau français du Parvis qui réunit 40 associations et 5000 adhérents. Pensons au réseau québécois Culture et foi et au Forum André-Naud. Ces croyantes et ces croyants entretiennent des contacts avec des réseaux d'autres pays. Ils se ressourcent dans la foi et favorisent les paroles solidaires. Pourquoi ne pas intégrer des communautés et des groupes d'autres traditions chrétiennes dans ces réseaux? Tout en

élargissant l'expérience de la foi, de tels échanges pourraient affermir la communion œcuménique.

Là où la vie sacramentelle de l'Église se détériore par
manque de ministres ordonnés, nous pouvons découvrir et
laisser s'épanouir notre vocation prophétique et sacerdotale. En nous soutenant les uns les autres dans cette recherche, celle-ci nous amènera à renouveler les ministères, à les
délivrer des contraintes non évangéliques qu'ils subissent.

La détresse ne peut pas avoir le dernier mot pour une
femme et un homme baptisés dans la mort et la résurrection de Jésus Christ. L'énergie de la foi est étonnante. Elle
peut transporter des montagnes. La foi est un don,
croyons-nous. Elle a en même temps la fragilité de nos
« oui » à ce don. Aussi, faut-il la nourrir constamment de
la Parole de Dieu faite chair en Jésus Christ. Cela demande
d'écouter la Parole, de la contempler, de la prier, de l'étudier, de l'annoncer, de la vivre sacramentellement, de la
pétrir du vécu de nos communautés et de la mettre en
action dans l'Église et dans la société.

Il faut aussi aller de l'avant et veiller, « la pupille de la
foi dans l'œil de l'intelligence », comme l'enseignait
Catherine de Sienne, une baptisée qui a cru à sa vocation
ecclésiale et à l'autorité de sa parole de baptisée pour la

réforme de l'Église. Au milieu de son peuple qui subissait les retombées du mal de l'Église de son temps, elle a livré sa vie pour sa « rénovation », pour que lui soit redonnée « sa jeunesse première ». À temps et à contretemps, elle s'est adressée aux baptisés pour qu'ils s'éveillent à leur foi. Elle s'est adressée aussi directement aux papes Grégoire XI et Urbain VI pour qu'ils renouvellent entièrement le « jardin » de l'Église[4].

Votre aventure sera différente de la mienne. Que vous transmettre ? Rien de moi personnellement, sinon que je suis allée mon chemin, le plus fidèlement possible à ce que ma foi me demandait. Je remercie Dieu de m'y avoir gardée. Tout de la grâce pourtant : celle de la Parole et du service évangéliques. Elle est toujours là, offerte, dans les lieux les plus inattendus. L'Église du Dieu qui a donné sa vie dans la chair d'un crucifié, condamné et renié par son peuple et ses chefs religieux par l'entremise de l'ordre civil, pour que l'être humain soit réconcilié et reconnu, cette Église-là gémit en attente de renaissance, là où il y a mort, non-vie, besoin de salut, mal de réconciliation.

---

4   Voir « Catherine de Sienne et la réforme de l'Église », dans É. J. Lacelle (dir.), « *Ne dormons plus, il est temps de se lever* » – *Catherine de Sienne* (1347-1380), Cerf/Fides, 1998, p. 169-189.

«Vous serez affligés mais votre affliction tournera en joie. Lorsque la femme enfante, elle est dans l'affliction puisque son heure est venue; mais lorsqu'elle a donné le jour à l'enfant, elle ne se souvient plus de son accablement, elle est toute à la joie d'avoir mis un être humain au monde. C'est ainsi que vous êtes maintenant dans l'affliction; mais je vous verrai à nouveau, votre cœur alors se réjouira et cette joie nul ne vous la ravira» (Jean 16, 20-22).

Valete!

Dans la tourmente de ce temps... espérer

Marco Veilleux

VALETE ! Vous terminez votre lettre par une formule latine traditionnelle de salutation et d'adieu – que l'on peut traduire par « portez-vous bien ! ». Cette formule nous relie aux générations passées de chrétiens. Une telle volonté d'affirmer et de cultiver les liens entre les générations nous inscrit, en tant que croyants, dans une mystérieuse communion qui traverse l'espace et le temps. Elle donne à notre foi une profondeur historique et spirituelle.

Au nom de cette mystérieuse communion, je me souviens que le premier de ma lignée, arrivé en Nouvelle-France, se nomme Nicolas Verieul (le patronyme familial deviendra « Veilleux » après quelques générations). Originaire de Normandie, il a été baptisé à l'église Saint-Jacques de Dieppe le 17 octobre 1632. Nous avons la certitude qu'il

était arrivé au pays dès l'été 1656 – soit 48 ans après la fondation de Québec par Samuel de Champlain et 17 ans
après l'arrivée de la bienheureuse Marie de l'Incarnation,
fondatrice des Ursulines de Québec. L'homme était mate-
lot de son métier. Il a épousé Marguerite Hyardin (baptisée le 30 août 1645 à Joinville en Champagne) à Cap-
Tourmente, en décembre 1665. Le couple aura neuf
enfants. Nicolas est décédé à Saint-François-de-l'Île-
d'Orléans, en 1714.

L'arrivée et l'installation de mes ancêtres – pour contribuer à l'édification de ce pays et de cette Église qui sont
miens – précèdent de 18 ans la nomination de François de
Montmorency-Laval comme évêque en titre de Québec[1].
Cette préséance est, pour moi, plus que chronologique. Elle
a une signification sur le plan de ma foi. Elle illustre remar-
quablement le fait que les laïcs « précèdent » l'autorité hiérarchique dans la fondation de l'Église de Dieu en Nouvelle-France, cette Église locale qui a partie liée avec le projet d'une société française en Amérique et dont je suis le fils
et l'héritier. C'est ainsi que cette préséance historique rap-

---

1   Ce dernier, nommé vicaire apostolique en Amérique du Nord en 1658, ne recevra
en effet le titre d'évêque de Québec qu'en 1674, au moment de l'élévation du vicariat
apostolique de la Nouvelle-France au rang de diocèse.

pelle continuellement à ma conscience de croyant une vérité théologique et ecclésiologique fondamentale : la dignité baptismale est absolument première dans le Corps du Christ. Le concile Vatican II explicitera clairement cela à travers son choix décisif de placer le chapitre sur le « peuple de Dieu » – c'est-à-dire l'ensemble des baptisés – avant celui sur la « constitution hiérarchique de l'Église » dans *Lumen Gentium* (la Constitution dogmatique sur l'Église).

La liberté baptismale

Je suis donc en profonde communion avec vous lorsque vous me parlez du baptême comme fondement de notre identité chrétienne. Pour ma part, j'ai découvert ce trésor vers la fin de mes 20 ans. Un combat intérieur, qui faisait rage en moi depuis quelques années, était alors à son paroxysme. J'étais en effet déchiré entre, d'une part, mon appartenance à l'Église catholique romaine comme figure incontournable de mon histoire nationale et terreau nourricier de mon identité religieuse et, d'autre part, le refus de mon intelligence et de ma volonté d'adhérer à certaines des positions officielles de cette Église – particulièrement en ce qui a trait à son discours moral et à sa structuration organisationnelle.

Cette tension interne m'enfermait dans un dilemme déchirant : ou bien rejeter le catholicisme pour me désolidariser de discours et de pratiques m'étant foncièrement inacceptables ; ou bien taire mes critiques, nier ma conscience et ma responsabilité de croyant et, de ce fait, accepter la perte de crédibilité de l'institution ecclésiale dans ma culture et ma société. Cette lutte intérieure, entre des positions qui semblaient s'exclure mutuellement et contraindre au choix, était source d'une profonde souffrance spirituelle. Cette dernière étant partagée par plusieurs de mes coreligionnaires, il m'était possible d'en discuter avec des proches aux prises avec le même dilemme. Au fil de l'actualité, de mes engagements, des impulsions de ma vie personnelle et sociale, ce combat intime s'accentuait et prenait différents visages. Il minait peu à peu ma foi, mon espérance et mes capacités d'aimer. Comment résoudre une telle tension ? Comment dépasser ce tiraillement entre l'option de quitter l'Église – et avoir ainsi la conviction de renoncer à mon héritage et à mon identité religieuse – et l'option d'y rester – et avoir ainsi la perception de devoir trahir mon intégrité ?

C'est là, au cœur de cette guerre intérieure, que la grâce d'un « armistice spirituel » m'a été donnée. Ne pouvant me résoudre à choisir entre mon double enracinement – au sein du catholicisme et au sein de ma culture et de ma société –, une troisième voie s'est ouverte en moi : celle de la liberté baptismale.

Ce don merveilleux, cette voie de réconciliation-critique, c'est par la fréquentation assidue de la liturgie, particulièrement en son sommet qu'est le Triduum pascal, que j'ai pu le découvrir et l'accueillir. C'est ainsi que le texte de saint Paul aux Romains (6, 3b-11) – que nous proclamons au cœur de la Veillée pascale – est devenu la *Magna Carta* de ma vie de croyant : « Nous tous, qui avons été baptisés en Jésus Christ, c'est dans sa mort que nous avons été baptisés. » La mort n'est donc plus à venir ; elle est, « sacramentellement parlant », derrière nous. En effet, par notre baptême dans le Christ, la mort est une expérience déjà traversée. Si elle continue de nous atteindre de multiples façons, elle ne peut plus nous détruire radicalement, puisque la vie éternelle est déjà engagée au cœur de notre existence. « Si par le baptême dans sa mort, nous avons été mis au tombeau avec lui, c'est pour que nous menions une vie nouvelle, nous aussi, de même que le Christ, par la toute-puissance du Père, est ressuscité d'entre les morts. » Notre configuration au Fils nous inscrit dans sa filiation au Père et nous donne part à l'Esprit, cette force d'amour et de vie qui les unit. Nous pouvons donc vivre dans l'espérance de notre propre relèvement et du relèvement définitif du monde. « Car, si nous sommes déjà en communion avec lui par une mort qui ressemble à la sienne, nous le serons encore plus par une résurrection qui ressemblera à la sienne. » Notre véritable « naissance » est devant nous !

Par le baptême, nous avons également confiance que le péché – ce « manque » qui fait de nous des êtres inconstants dans le bien, complices des structures d'injustices, enclins à l'égoïsme, à la violence et au mal – ne nous asservira pas définitivement. « Nous le savons : l'homme ancien qui est en nous a été fixé à la croix avec [le Christ] pour que cet être de péché soit réduit à l'impuissance, et qu'ainsi nous ne soyons plus esclaves du péché. Car celui qui est mort est affranchi du péché. »

À la fin de la vingtaine, mon baptême m'est donc clairement apparu comme une participation – par le truchement d'une grâce inouïe – au mystère pascal du Christ. Il s'est révélé à moi comme une inscription, par le Fils, dans la communion trinitaire – c'est-à-dire dans cette vie que notre tradition chrétienne appelle « théologale ». « Et si nous sommes passés par la mort avec le Christ, nous croyons que nous vivrons aussi avec lui. » Ainsi, puisque « le Christ ne meurt plus » et que « sur lui la mort n'a plus aucun pouvoir », nous pouvons penser « que [nous sommes] morts au péché, et vivants pour Dieu en Jésus Christ ».

Le baptême, en nous plongeant et en nous faisant traverser les eaux du mystère pascal du Christ, fait de nous des fils et des filles du Père, dotés de son Esprit et, de ce fait, sujets libres et responsables dans la foi. Il nous habilite pleinement – avec le sacrement de la confirmation qui lui est associé – à discerner, pour nous-mêmes et en l'Église, les voies inédites qu'emprunte le salut de Dieu dans le contexte qui est le nôtre. Ce baptême, de plus, nous ouvre à une espérance qui nous porte au long des jours et des nuits de notre existence. Il nous engage enfin – soutenus par la méditation de la Parole, nourris par l'eucharistie et ranimés pas le sacrement du pardon –, à mettre en pratique cette charité agissante qui trouve sa source en Dieu lui-même, véritable force qui nous pousse à construire une société plus juste et un monde meilleur.

Dans l'Église

La méditation de ce don de la grâce baptismale et sa célébration au cœur de la liturgie ont ainsi complètement renouvelé ma vision et transformé ma compréhension de l'Église. En effet, si par notre baptême dans le Christ nous sommes incorporés à son mystère pascal, si nous participons – par lui, avec lui et en lui – à la vie trinitaire et si, de ce fait, nous devenons membres à part entière de son Corps, eh bien cela a de profondes conséquences ! Dès lors, l'Église ne peut plus être vue comme un « club d'affinités », une simple organisation sociale ou encore un parti politique que nous n'aurions qu'à quitter dans l'éventualité de notre désaccord avec certaines de ses orientations ou prises de position de ses leaders.

L'Église apparaît plutôt comme notre « maison ». Une demeure dont nous devenons, par grâce, héritiers et résidents de plein droit. En effet, de par notre dignité baptismale, nous avons dans l'Église la faculté de vivre, de parler et d'agir en sujets libres et responsables. Ce droit, au sein du peuple de Dieu, est inaliénable : impossible d'en être expropriés. Comme vous le dites si clairement : « Cette Église des baptisé(e)s, peuple de Dieu, Corps de Jésus Christ, c'est toi, c'est nous ! Aucune puissance ne

peut nous enlever la grâce de cette identité baptismale. »
Cela fonde l'unité, l'égalité et la communion des
baptisé(e)s. Le Concile l'affirme d'ailleurs au numéro 32
de *Lumen Gentium* : « Le peuple élu de Dieu est donc un :
"Un seul Seigneur, une seule foi, un seul baptême" (Ephé-
siens 4, 5). La dignité des membres est commune à tous
par le fait de leur régénération dans le Christ ; commune
est la grâce des fils [et des filles], commune la vocation à
la perfection, unique est le salut, unique est l'espérance et
indivise la charité. Il n'existe donc pas d'inégalité dans le
Christ et dans l'Église en raison de la race ou de la nation,
de la condition sociale ou du sexe, car "il n'y a plus ni juifs
ni gentils, il n'y a plus ni esclaves ni hommes libres, il n'y
a plus ni hommes ni femmes : vous êtes tous un dans le
Christ Jésus" (Galates 3, 28 ; cf. Colossiens 3, 11). »

Approfondir constamment ce mystère, me laisser
imprégner par lui, m'a fait comprendre que plus jamais
il ne saurait être question, pour moi, de songer à quitter
l'Église. Pas plus qu'il ne saurait être question, pour y
demeurer, de renoncer à mon intelligence critique, à mon
autonomie de jugement et à ma volonté d'engagement
lucide et solidaire dans le monde de ce temps. La
conscience d'une liberté et d'une responsabilité radicales,

en tant que baptisé, s'est installée très fermement chez moi. J'ai été saisi « de l'intérieur » par la révélation que l'Église, c'est chacun de nous ! J'ai alors compris, comme vous l'écrivez si bien, qu'en tant qu'« enfant de Dieu, le Christ vit en moi – comme le dit saint Paul –, inséparable de l'Église, son Corps dont je suis membre. J'ai part entière à l'être de l'Église, à son envoi au service du don de la grâce. L'Église m'habite et, en ce sens, je suis l'Église ; elle est en moi, moi en elle, par tout ce que je vis. »

« Être l'Église », c'est se savoir l'humble porteur de la présence du Christ, partout dans ces lieux sociaux où il nous est donné de vivre et d'agir. C'est aussi être habité par son Esprit pour lire et interpréter, à sa lumière, les « signes des temps » qui traversent notre époque tourmentée et complexe. C'est, enfin, assumer pleinement sa responsabilité de prendre une part active au discernement du « sens de la foi » pour aujourd'hui, discernement qui se réalise au sein d'une communauté de croyantes et de croyants « réellement et intimement solidaire – comme le dit *Gaudium et Spes*[2] – du genre humain et de son histoire ».

Rappeler vigoureusement cette vérité théologique et ecclésiologique fondamentale selon laquelle la dignité

_____

2   Constitution conciliaire *L'Église dans le monde de ce temps*, n° 1.

baptismale est première dans le Corps du Christ, ce n'est évidemment pas faire fi de la constitution hiérarchique de l'Église catholique romaine. C'est toutefois en tirer les conséquences, dont la première est de remettre cette hiérarchie à sa juste place et dans ses justes limites. Si, en tant que catholiques, notre discernement du « sens de la foi » pour aujourd'hui ne peut se faire en dehors d'une sincère recherche de communion avec nos pasteurs, cette communion ne saurait se confondre avec une unanimité factice imposée de façon autoritaire. Elle ne saurait non plus se confondre avec une volonté d'étouffer les débats ou de nier les inéluctables tensions inhérentes à la légitime diversité du peuple de Dieu.

Ainsi, pour être authentique – c'est-à-dire digne de l'Évangile et de la grâce du Christ –, la communion ne peut s'imposer arbitrairement du « haut » vers le « bas ». Elle est plutôt le fruit de cet Esprit de vie et de vérité que nous partageons toutes et tous, en tant que baptisé(e)s. Elle s'édifie par l'écoute de l'Évangile et la circulation de la parole, dans le respect mutuel et le discernement spirituel au sein du peuple de Dieu – c'est-à-dire entre les fidèles et leurs pasteurs, de même qu'entre les Églises locales répandues à travers le monde et l'Église de Rome. Sinon, vous le soulignez judicieusement, « on aura beau dire de l'Église catholique qu'elle est une communion, elle ne sera ni perçue ni crue comme telle tant que les Églises locales ne seront pas reconnues comme Églises sujets de cette communion ; et leurs baptisés – femmes et hommes –, véritablement coresponsables de la communion ».

Lorsque les autorités ecclésiastiques – et particulièrement les autorités romaines – agissent comme si elles étaient les seules dépositaires du véritable « sens de la foi » et les seules autorisées à l'interpréter, il faut contester ce fonctionnement qui dénature l'Église. Lorsque cette hiérarchie cherche à contraindre l'intelligence et la volonté des fidèles, en refusant de les entendre et d'établir avec eux un véritable dialogue, le dissentiment s'impose. En effet, au nom de la dignité baptismale, lutter contre ce que vous appelez – avec une formule très juste – la « parole ligotée » dans l'Église, est une exigence de la foi. Et vous ajoutez, avec raison : « Ce qui devrait nous affliger et nous indigner le plus, en tant que disciples de Jésus Christ, c'est de voir des baptisé(e)s, membres de son Corps, privé(e)s de parole : leur parole niée ou ignorée, individuellement et en groupe, voire en Église locale. Les effets de cette aliénation minent l'ensemble de l'existence ecclésiale, de la même manière que la violence entretenue et non dite sape une communauté humaine. » Cette aliénation, comme vous, je la ressens particulièrement en ce qui concerne la place et le rôle des femmes dans notre Église.

Une « blessure ontologique »

La condition des femmes dans l'Église catholique romaine est pour moi, de même que pour nombre de croyant(e)s et de non-croyant(e)s, la cause d'un grave scandale. Je suis, en effet, d'une génération pour laquelle l'égalité entre les hommes et les femmes, de même que la non-discrimination sur la base du genre sexuel, sont des principes acquis et reconnus. Bien que ces derniers ne soient pas encore totalement réalisés dans les faits, au sein de nos sociétés occidentales – et que par conséquent le combat pour les incarner de manière encore plus authentique doive se poursuivre avec vigilance et fermeté –, il n'en demeure pas moins qu'il s'agit là de valeurs fondamentales dont la portée universelle est indéniable. Pour reprendre une catégorie prisée dans l'Église, nous touchons, en cette matière de l'égalité des sexes, à quelque chose relevant du « droit naturel ».

Que les femmes puissent avoir accès à toutes les fonctions et responsabilités dans la cité, qu'elles soient traitées sur un pied d'égalité avec les hommes dans toutes les institutions, qu'elles puissent occuper des postes de leadership et de décision à tous les échelons du pouvoir dans la société, cela va de soi. Toute prétention contraire apparaît maintenant irrecevable. J'ai grandi, ai été éduqué et vis dans une culture où cette égalité de principe, entre les hommes et les femmes, est poursuivie de manière irréversible, tel un idéal d'équité et de justice à mettre en œuvre au sein de notre humanité.

C'est pourquoi, lorsque vous rappelez que « sur la base de son identité de personne sexuée, la chrétienne de tradition catholique romaine est [encore de nos jours] exclue de la vocation ministérielle qui régit l'ensemble de la vie de l'Église, tant sur le plan magistériel et juridique que sacramentel et pastoral », il y a scandale. Comme catholique de ma génération, comme baptisé et laïc, il m'est absolument impossible d'accepter cette politique d'exclusion des femmes aux ministères ordonnés dans mon Église, de même que les justifications non convaincantes qu'avance le magistère romain pour la maintenir. Les prétendus arguments pour soutenir cette position ont été largement – et depuis longtemps – déconstruits par nombre de théologiennes et de théologiens et par d'autres Églises chrétiennes. Ils sont aussi durablement contestés par une forte proportion de fidèles dotés, depuis leur baptême et leur confirmation, de ce « sens surnaturel de la foi » qui ne se réduit pas – n'en déplaise à certains – à une « chambre d'enregistrement » des diktats de la curie romaine.

Dans votre lettre inspirée par toute une vie de recherches et d'engagements théologiques, vous démontrez avec force combien cette exclusion des femmes défigure et mutile le mystère de l'Église en tant que « communauté de femmes et d'hommes "graciés" en Jésus Christ ». Et ce qui est le plus riche, c'est que vous ne le faites pas d'abord sur la base d'arguments sociopolitiques – pouvant toujours être contestés par ceux qui ont la mauvaise foi de prétendre que les sciences humaines et les mouvements sociaux n'auraient aucune pertinence dans notre quête d'intelligence de la Révélation chrétienne. Vous le faites plutôt sur la base d'une rigoureuse théologie baptismale, c'est-à-dire d'une anthropologie de la grâce et du salut qui est, elle-même, enracinée dans une profonde spiritualité de l'Église en tant que Corps mystique du Christ. Pour vous, « l'Église est au service d'un ministère de réconcilia-tion, de création nouvelle, partout où il y a des humains en attente, non de jugement et d'exclusion, mais de déli-vrance ». Or, ce ministère de réconciliation – vous en êtes convaincue – passe par une pleine reconnaissance, dans l'Église catholique romaine, de cette « humanité intégrale d'hommes et de femmes, cohumanité à l'image de Dieu », et par « la reconnaissance mutuelle des Églises » selon l'Esprit qui anime le mouvement œcuménique. Vous avez donc raison de dire –, « aussi longtemps que la légis-lation catholique romaine ne reconnaîtra pas les femmes baptisées comme des membres à part entière de l'Église, elle témoignera d'une humanité mutilée, non d'une humanité réconciliée en Jésus Christ ».

En fait, en excluant les femmes des fonctions officielles d'enseignement, de gouvernement et de sanctification qui sont associées aux ministères ordonnés, notre Église se cantonne dans une structure qu'il faut bien qualifier d'« homosexuée ». À l'intérieur de son organisation hié-rarchique et ministérielle, monopolisée par des hommes célibataires, les femmes sont structurellement bannies et ignorées. Ainsi, la parole d'autorité, les instances de déci-sion et les rôles symboliques constitutifs de la communauté ecclésiale ne sont tenus que par des hommes, qui demeurent entre eux et se «reproduisent» eux-mêmes. Dans ce système fermé et autosuffisant, la «spécificité» des femmes est d'autant plus exaltée[3] que ces dernières sont écartées des lieux où, justement, elles pourraient «faire la différence».

Cette incapacité structurelle à assumer véritablement la différence et la complémentarité des sexes, cette négation des femmes en tant que sujets réels de parole, de pouvoir et de désir au sein de l'institution, est une «blessure ontologique» qui traverse notre Église. Ce mal gangrène son corps institutionnel, au risque d'atteindre son âme. En rejetant les femmes – par sa structuration organisationnelle – dans une «altérité» radicale, l'institution catholique romaine se fixe dans une «politique du même» que ses protagonistes et bénéficiaires prétendent de constitution divine. Ces prétentions ne servent toutefois qu'à mieux refouler cette structuration «homosexuée» qui mine, pervertit et discrédite son fonctionnement, son discours et sa

---

3 Pensons aux nombreux discours du magistère romain où la dignité et la vocation de la femme sont interprétées unilatéralement à la lumière de la dignité et de la vocation exceptionnelles de Marie, vierge et mère. Cette rhétorique ecclésiastique trahit une volonté de «désincarner» les femmes réelles pour mieux les idéaliser dans l'imaginaire, là où elles ne sont pas confrontantes.

mission. Comme vous l'écrivez : « Comment, dans sa constitution actuelle, l'Église peut-elle témoigner d'une communauté qui rassemble des sujets pleinement reconnus dans leur identité personnelle sexuée ? Comment sa parole magistérielle, exclusivement masculine et célibataire, peut-elle être reçue comme pertinente pour une humanité "créée homme et femme à l'image de Dieu" ? L'Église catholique actuelle ne représente-t-elle pas plutôt une communauté en mal de son intégrité humaine ? »

Ce refus structurel du système hiérarchique catholique d'assumer notre humanité intégrale – c'est-à-dire constituée de sujets sexués – est un grave péché institutionnel. Par rapport à notre création (hommes et femmes à l'image de Dieu) et par rapport à l'égalité fondamentale de grâce inhérente à notre baptême commun dans le Christ, ce refus est « intrinsèquement désordonné ». Aussi cette dénégation de l'intégrité humaine devient-elle le ressort caché de pratiques ecclésiales et de discours moraux rigides, irréalistes, hypocrites et souvent méprisants. Ces pratiques et ces discours accablent, entre autres, des femmes, des couples, des personnes divorcées ou homosexuelles, et même des prêtres et des évêques. Tous ces baptisé(e)s devenant, en quelque sorte, les boucs émissaires chargés de porter l'odieux de cette «blessure ontologique» qui divise l'Église catholique romaine et que ses autorités refusent d'admettre. Cet aveuglement empêche de reconnaître que le véritable «désordre» n'est pas d'abord au cœur des personnes sexuées, désirantes, complexes, pécheresses, en recherche et en manque que nous sommes toutes et tous. Il est plutôt dans cette obsession de l'institution à dénoncer sans relâche la «paille» dans l'œil de tant de ses fidèles, sans voir la «poutre» qui est dans le sien. Le système hiérarchique catholique refoule ainsi son propre mal en le projetant sur celles et ceux qu'il rejette ou condamne. Ce mécanisme de défense, s'il est typique de toutes les organisations, apparaît toutefois particulièrement délétère pour une institution chargée de témoigner d'une humanité réconciliée en Jésus Christ. Or, comme l'écrivait Fernand Dumont: «[T]ant que les incertains, les divorcés, les malaimés, tous ceux qui contreviennent ou cèdent aux idéologies de ce monde se sentiront à l'écart de l'Église, on aura manqué à l'Évangile. Au ras du sol, des communautés chrétiennes et des pasteurs l'ont compris depuis longtemps; souhaitons que, sous sa figure officielle, l'Église le professe aussi ouvertement»[4].

---

4 *Une foi partagée*, Bellarmin, 1996, p. 262.

Et pourtant, espérer !

La reconnaissance pleine et entière des femmes en tant que sujets dans les discours et les pratiques organisationnelles de notre Église m'apparaît donc comme une exigence incontournable de l'Évangile, de la vérité et de la foi. Cet enjeu est, en effet, au cœur et à l'origine de la multitude de nœuds qui ligotent présentement la liberté de parole et de discernement des baptisé(e)s au sein de cette institution. Toutes les détresses que vous mentionnez dans votre lettre en découlent. L'Église ne pourra légitimement prétendre au titre d'« experte en humanité » que le jour où elle reconnaîtra enfin, dans les faits, l'intégralité de cette humanité constituée d'hommes et de femmes sauvé(e)s, sujets libres et égaux, formant ensemble l'image complète et véritable de Dieu. Tant que cette reconnaissance de la réalité sexuée des humains lui fera défaut, l'Église catholique romaine continuera d'apparaître, pour un nombre croissant de personnes, dénuée de sagesse et de pertinence – particulièrement en ce domaine de fécondité et de vulnérabilité, d'errance et de communion qu'est l'expérience humaine de la sexualité. En cette matière, ses autorités continueront de ressembler à ceux qui « lient de pesants fardeaux et en chargent les épaules des gens, mais ne veulent pas les remuer eux-mêmes du doigt» (Matthieu 23, 4).

À cause de tout cela, et inspiré par votre vie d'engagement ecclésial, de recherches théologiques et œcuméniques, je veux reprendre ce flambeau que vous nous transmettez à travers votre lettre. Je m'engage, avec d'autres de ma génération, à poursuivre votre combat pour la crédibilité du témoignage de notre Église en tant que «communauté de femmes et d'hommes intégralement sauvés en Jésus Christ, dans l'histoire et au cœur de la création». Une communauté véritablement au service d'un ministère de réconciliation auprès «d'humains en attente, non de jugement et d'exclusion, mais de délivrance [et de salut]». Comme baptisé laïc et homme dans la trentaine, je reçois cette part «d'espérance et d'émerveillement, de souffrance et de détresse aussi» qui a accompagné votre aventure de croyante, de théologienne et de pionnière du combat pour la reconnaissance institutionnelle des femmes au sein de cette Église locale dont je suis le fils et l'héritier.

Je sais également que la «blessure ontologique» qui défigure notre tradition catholique romaine vous a personnellement atteinte et meurtrie. Vous en avez particulièrement fait l'épreuve – comme vous le relatez dans votre lettre – lors de ce comité *ad hoc* mis sur pied par l'épiscopat canadien et que vous avez présidé au début des années 1980. Cet événement, parmi tant d'autres, illustre de façon dramatique la résistance de l'institution à reconnaître ce mal de l'inégalité des sexes qui la ronge. Vous nous rappelez toutefois qu'il ne faut jamais désespérer de l'Esprit puisque, à cette même époque, un pasteur de l'envergure de Mᵍʳ Louis-Albert Vachon – de vénérée mémoire – avait dénoncé, au cœur du Synode romain de 1983, l'«appropriation masculine de l'Église».

Interpellant l'assemblée synodale et le pape, ce leader libre, clairvoyant et courageux était même allé jusqu'à dire : « De notre côté, reconnaissons les ravages du sexisme et notre appropriation masculine des institutions ecclésiales et de tant de réalités de la vie chrétienne. [...] La reconnaissance en Église de notre propre déformation culturelle nous permettra de dépasser les concepts archaïques de la femme tels qu'ils nous furent inculqués pendant des siècles. » Et en guise de recommandation, il demandait que toutes les communautés chrétiennes « mettent en place des structures de dialogue qui soient des lieux de reconnaissance mutuelle et de mise en œuvre effective de nouveaux rapports d'égalité "hommes et femmes" dans l'Église[5]».

Combien de temps faudra-t-il attendre pour qu'adviennent ces structures effectives de dialogue et que notre Église soit finalement guérie «des ravages du sexisme», des détresses et des perversions qui en découlent? Encore longtemps, je le crains... Et je ne verrai peut-être pas cette pleine guérison de mon vivant! Je me tiens donc, comme vous dites, dans le «fossé qui se creuse entre des ecclésiastiques à Rome et nos Églises locales avec leur grand nombre de baptisé(e)s que ces détresses dispersent de plus en plus». Je consens à me tenir dans cet écart, déchiré mais serein, parce que je suis convaincu que la pleine reconnaissance des femmes dans l'Église catholique est inéluctable. Elle finira nécessairement par advenir un jour : dans 25, 50 ou peut-être 100 ans... qui sait?

D'ici là, assuré de cette mystérieuse «communion transgénérationnelle» qui nous unit dans le Corps du Christ, je porte la mémoire de mes ancêtres, Nicolas Verieul et Marguerite Hyardin, et je tourne mon regard vers les baptisé(e)s qui formeront l'Église de demain.

---

5 Voir *L'Église canadienne*, 20 octobre 1983, p. 101-102.

Porté par ce grand fleuve de l'Évangile qui traverse l'histoire de mon pays, je « résiste », solidaire de mes sœurs dans la foi[6]. Comme vous et avec d'autres, fort de ma liberté baptismale, j'affirme résolument – devant ceux qui s'en prétendent les propriétaires ou les seuls légitimes occupants – que je suis « aussi » l'Église. À votre suite, je crois fermement que, malgré tout, « nous pouvons communier à l'Esprit qui nous fait sujets de la foi par notre baptême et nous confirme, par la grâce qui en découle, en sujets responsables en Église et dans le monde ». C'est pourquoi, dans la tourmente de ce temps, je conserve la joie et l'espérance.

Le jour viendra où cet héritage de labeurs qui est le vôtre – et qui devient le nôtre par ce témoignage que vous en faites et que nous recevons – trouvera son accomplissement. À l'exemple de sainte Catherine de Sienne, vous avez porté, en gestation, la réconciliation dans l'Église. Soyez assurée que des membres de ma génération pour-

---

6   Cette solidarité ne relève pas d'une vague « sensibilisation » ou d'une « sympathie » superficielle à la manière dont l'on « condescend » à s'intéresser à une problématique extérieure à soi-même. J'espère avoir su montrer qu'au contraire, la « question des femmes en Église » n'est justement pas qu'un enjeu « de » femmes. C'est plutôt une question radicale et transversale qui concerne chaque baptisé, homme ou femme, par rapport à une anthropologie théologique fondamentale.

suivront fidèlement ce « ministère » afin que d'autres, en des temps et des lieux qui nous dépassent, en récoltent les fruits. Dans l'attente de cette renaissance, demeurons dans la joie et l'espérance, puisque « si quelqu'un est en Jésus Christ, il est une créature nouvelle. Le monde ancien s'en est allé, un monde nouveau est né. Tout cela vient de Dieu : il nous a réconciliés avec lui par le Christ, et il nous a donné pour ministère de travailler à cette réconciliation » (2 Corinthiens 5, 17-18).

Gaudium et Spes !

Postface

Anne Fortin

« Nous n'avons pas le même *maintenant.* »

Qu'il soit dans l'héritage ou la filiation, chaque lecteur, du lieu de son *maintenant,* organisera sa propre synthèse des pages qui précèdent. Au fil de la visite des différents *maintenant* des auteurs de ce livre, un même enjeu s'imposera toutefois : le rapport à l'institution. Fil conducteur des différents témoignages, réalité omniprésente chez chaque auteur, le rapport à l'institution ecclésiale constitue ainsi peut-être le véritable sujet de ce livre.

Le rapport à l'institution

En effet, au-delà de l'objet « institution » comme tel, chaque auteur se situe dans son propre rapport à l'institution

– ainsi que dans celui de sa génération – pour en faire un lieu d'épreuve et de structuration personnelle. Ce livre ne nous convie pas à un traité sur l'institution, mais bien plutôt à être plongés dans ce qui lie intérieurement à l'institution : la vivons-nous comme entrave, carcan ou lieu de réalisation ? « Nous n'avons pas le même rapport à l'institution », semble dire Jean-Philippe Perreault lorsqu'il parle des dissemblances entre les *maintenant*. Au cœur de ce rapport à l'institution, c'est sa fonction instituante qui est en cause. Pourquoi a-t-elle pu être instituante et incarner un lieu de réalisation pour certains et non pour d'autres ? À cet égard, la ligne de démarcation ne passe pas nécessairement par le clivage générationnel. Impossible de résumer ce livre en disant : autrefois l'institution ecclésiale a été instituante et désormais elle ne l'est plus. Au-delà des thématiques, au-delà de la structure intergénérationnelle du livre, nous sommes invités à ressaisir les postures au fondement des différents rapports à l'institution. Les dialogues permettent certes de dégager certaines causes au statut d'institué mais, justement, ces causes dépassent la variable générationnelle. Des connivences s'établissent de façon croisée : on peut entendre un écho entre l'exploration de la signification

du baptême chez Marco Veilleux et la portée du prophétisme chez Jacques Grand'Maison; des parentés entre la
façon de se situer dans l'action de Caroline Sauriol et de
Élisabeth J. Lacelle; une complémentarité entre Hélène
Pelletier-Bailargeon et Jean-Philippe Perreault dans leur
souci pour un langage de foi signifiant. La lecture fera
descendre en deçà des dialogues établis, révélant ainsi de
multiples filiations souterraines.

C'est ainsi que, de témoignage en témoignage, se met
en place une cartographie des types de désirs de sujets
croyants devant une institution toujours différente. À
chacun son institution, à chacun son flambeau, à chacun
sa blessure dans l'incompréhension, les lacunes, les illu-
sions perdues ou tenaces. Le lecteur peut se retrouver au
détour de chaque témoignage. Il peut se reconnaître à
travers les multiples facettes des tentatives pour arriver à
construire la pertinence de la foi dans une société. «Cet
homme [cette femme], c'est toi!», comme le disait le
prophète Nathan à David (2 Samuel 12, 7). C'est mon
histoire de croyant québécois qui se déploie ainsi au fil
des récits, quel que soit mon âge, si tant est que je sois
solidaire de toutes ces figures. Ce livre témoigne ainsi de
l'incarnation de l'Église universelle dans l'Église locale,

par la médiation de communautés signifiantes. Mais il témoigne aussi de son échec pour celles et ceux qui se retrouvent aujourd'hui en déficit de communauté. Plus dramatique, en écho aux expériences de déroute de chacun, est la désintégration de tout rapport signifiant à l'institution – soit par manque de mémoire, soit par une espérance bafouée. Le rapport à l'institution ne représente pas une « thématique » pour aucun des auteurs : il s'agit plutôt du lieu où se bute la foi, où la confiance est en souffrance, où l'espérance laisse l'avenir dans l'incertitude et où l'amour est blessé.

Héritage et mémoire

Deux modalités de l'héritage peuvent être dégagées à partir des différents types de rapport à l'institution. Un premier sous le mode de la continuité avec le passé, où les combats et les luttes d'hier sont réassumés et repris ; un deuxième sous le mode de la discontinuité et des ruptures, d'où vont émerger des défis encore inédits. Dans ce livre, la continuité est parfois prônée par la génération des aînés et elle l'est toujours par la jeune génération. Pour certains aînés, la continuité s'était concrétisée dans une exaltante réception de leur héritage alors que l'institution dans

laquelle ils étaient inscrits vivait dans un régime de «subsidiarité» qui permettait des prises de responsabilités réelles et efficientes. Des chantiers pouvaient être assumés par
des laïcs (voire des femmes!) lorsque l'organisation ecclésiale, en son sein même, non seulement croyait à l'autonomie des réalités terrestres, mais voyait dans l'exercice
du pouvoir un partage des responsabilités ancré dans une
anthropologie théologale. Il était alors possible de se sentir
«membre de l'Église à part entière» – comme le dit Hélène
Pelletier-Baillargeon – et la dissidence se vivait de l'intérieur comme œuvre de création, là où tout était encore à
faire.

Cet héritage réel, instituant, qui a permis jadis les parcours fulgurants de plusieurs laïcs à l'intérieur des structures[1], est-il transmissible? Pour les 35 ans et moins, cet
héritage dont ont vécu leurs aînés, peut-il s'expérimenter
autrement que comme héritage rêvé? Dans une institution ecclésiale ayant abandonné le principe de subsidiarité[2], la possibilité d'une participation critique à des

---

1   Ainsi que les parcours moins traditionnels de certains clercs, comme celui de
Jacques Grand'Maison qui a toujours été considéré comme un dissident de l'intérieur, quelqu'un qui ouvrait des avenues nouvelles à l'interne.
2   Voir la citation de Jacques Racine dans la présentation de l'ouvrage.

instances décisionnelles a cédé la place à un désir utopique de «faire sa place à l'intérieur d'un espace symbolique[3].» Celui-ci n'a plus que des manifestations euphoriques et euphorisantes à proposer aux plus jeunes : grands rassemblements, JMJ, fêtes et processions de toutes sortes qui ne sont plus des lieux de *structuration du sens*, mais bien plutôt de *consommation du sens*. Ainsi, pour celles et ceux qui reprennent les activités de leurs parents au sein de mouvements d'Église, les murs sonnent creux, les langages ne résonnent plus et on a le sentiment de «manquer de prise» devant des réalités ecclésiales «fuyantes», devenues fantomatiques (Jean-Philippe Perreault). Pourquoi est-il donc impossible de reprendre simplement le flambeau qu'ont tenu les aînés? C'est que le flambeau ne tient pas seul, en dehors des structures. Une certaine réalité instituante a pu exister parce que des structures organisationnelles l'ont rendue possible.

Or, au tournant de la Révolution tranquille, on a pu croire que les idéaux étaient indépendants de toute incarnation institutionnelle. Les aînés ont reçu un flambeau tout en rêvant d'une «Église désinstituée», nous dit

3   J. Beauchemin, *La société des identités*, Athéna, 2004, p. 28.

Jacques Grand'Maison : leur rêve s'est en partie réalisé, ne laissant alors que l'héritage de l'illusion en partage (toujours Grand'Maison). Des jeunes peuvent alors vivre dans la fascination du passé, mais de quel passé ? Quelle mémoire en ont-ils, alors que la Révolution tranquille a forgé l'illusion d'un *désormais* qui rejetait le passé. C'est la génération actuelle qui vit les conséquences du déni des filiations par la génération précédente : « Fille et fils de quoi ? » Non seulement on ne s'en souvient plus, mais on n'en porte même plus la mémoire dans sa chair, sauf sous le mode d'une folklorisation imaginaire. Ce livre fait retentir que, pour qu'une institution soit instituante, elle doit s'inscrire dans le « pays réel ». Si le présent livre illustre le « à chacun son institution », il met ainsi en évidence les conditions de la « déréalisation » de l'Église, alors que chacun se demande au sujet de cette dernière : d'où parle-t-elle, pourquoi et pour qui parle-t-elle et où va-t-elle ?

Chaque sujet croyant a, dans ce livre, les compétences pour nommer son désir et se réapproprier sa parole de foi. Mais quel est l'interlocuteur, dès lors que l'Église universelle ne se vit plus dans des communautés effectives ?

De plus, dans l'héritage rêvé, le rêve peut être d'autant plus nocif qu'il peut empêcher de faire la lecture des signes des temps de cette société-ci. En effet, l'héritage des grandes luttes du passé peut faire écran : leur grandeur banalise le présent, rend aveugle aux défis inédits de la « génération X » ou Y ou Z... *No future*, seulement du passé. Alors que l'on hérite d'une institution sans communauté, alors que la concentration des pouvoirs sape toute subsidiarité et toute prise sur autre chose qu'un « sentiment religieux fort[4] », la reprise des luttes du passé n'est plus en phase avec la réalité. Le rêve confine à l'imaginaire. On entre alors dans la répétition du « même », faisant l'économie d'une inculturation de l'Évangile. Le « sens » que portaient les générations antérieures ne pourrait qu'être répété, car le sens aurait déserté la société actuelle. Le rêve ne conduit alors pas à œuvrer pour changer le monde et laisse impuissant à créer du sens pour aujourd'hui. Le piège de l'héritage rêvé, c'est de faire croire que c'est la même institution qui perdure d'hier à aujourd'hui. Et pourtant, plus rien n'est pareil : un concile aujourd'hui engendrerait-il *Gaudium et Spes*? Sortir du rêve exige de ne plus entretenir la même relation à l'institution. L'Église des JMJ n'est plus celle qui a institué des paroles novatrices dans l'Action catholique et dans les

---

4   D. Hervieu-Léger, *Catholicisme, la fin d'un monde*, Bayard, 2003, p. 296-297.

revues engagées. Le reconnaître implique une action différente, une critique à hauteur théologale, une reprise des fondements (le baptême, le prophétisme), pour retrouver comment vivre aujourd'hui de ce « flambeau ».

La question des médiations

Dans la logique de discontinuité dont prennent acte plusieurs auteurs, le dialogue intergénérationnel se révèle indispensable pour nommer les pans de mur qui sont tombés, permettant ainsi de faire un « état des lieux ». Le flambeau à transmettre, ce serait peut-être la mémoire de *ce qui n'est plus là*, pour permettre de sortir de la répétition du même. « Sans mémoire, on répète les mêmes erreurs » (Jacques Grand'Maison). La fonction de la mémoire ne doit pas être d'obstruer le présent, mais plutôt de nommer la logique des médiations qui a prévalu à l'articulation de la vie de l'Église dans la culture afin de reprendre à nouveaux frais la réflexion sur les médiations signifiantes nécessaires aujourd'hui.

Réfléchir sur les médiations est une dimension fondamentale de toute théologie[5], ancrée dans la logique de l'Incarnation. S'inscrire dans des médiations est donc lié

---

5   P. Gisel, *Théologie*, PUF, 2007, p. 123 ss.

à la lecture des signes des temps. Ce que le chemin tracé dans ce livre nous apprend, c'est qu'il est possible de passer du particulier à l'universel, mais qu'il est pour cela indispensable de renommer le «particulier» de chaque génération, de chaque culture. Le particulier du passé ne sera pas le même que celui d'aujourd'hui : il ne sera pas possible de se rejoindre entre générations dans l'universel qu'à la condition de renommer, à chaque fois, les conditions actuelles du particulier. Ce ne seront pas les similitudes entre les situations particulières qui assureront l'universel, mais bien plutôt le geste de toujours retraverser son particulier. Ce geste est indispensable pour que l'unité ne se résume pas à l'uniformité. Répéter les grandes luttes du passé, sans analyse de la spécificité des enjeux du présent, serait verser dans une uniformité dont on conteste pourtant la logique lorsqu'elle vient de Rome. L'inculturation est, par conséquent, un dynamisme au-delà des «contenus» – aussi vertueux soient-ils, de gauche ou de droite. Il y a des souffrances à entendre du passé, mais il n'est pas possible de les revivre à l'identique, sous peine d'oublier les souffrances du présent. Les souffrances peuvent perdurer, comme dans le cas de l'exclusion des femmes du ministère presbytéral, mais les actions à entreprendre pour faire face à cette question ne peuvent sans doute plus être les mêmes – surtout dans un contexte ecclésial qui a abandonné la synodalité et la coresponsabilité. Cette question des médiations est au cœur des dialogues intergénérationnels. L'enjeu du langage et des mots pour dire la foi revient sous plusieurs plumes. Or, qui dit langage dit réflexivité et distanciation, médiation, inculturation. Revenir à la Parole de Dieu, aux Écritures, implique la médiation de l'interprétation et de l'inculturation qui passent par de multiples registres de réalité. Le dénuement dans le rapport au langage, souvent lié à la carence de mémoire, est un facteur d'exculturation (par contraste avec l'inculturation) dont les conséquences sont l'immédiateté et le fondamentalisme. Pour les générations actuelles, dire sa foi peut sembler se limiter à dire une « émotion », à exposer son intériorité qui n'a pas d'ancrage social, politique et culturel. Les conditions d'une réflexion sur le rapport entre culture et foi ne sont pas alors réunies et il devient impossible de trouver les mots pour nommer la transcendance. Sans l'articulation au langage et à ses médiations réflexives, les jeunes sont dépouillés des instruments pour refaire le geste créateur des aînés. Rejouer le passé, croyant y trouver une identité, peut alors devenir un acte incantatoire : de la recherche identitaire au repli identitaire, il n'y a en effet qu'un pas... où l'identité devient « imitation ». Ces écueils sont tous frôlés, évoqués, tracés, d'un dialogue à l'autre, confrontant le lecteur au *maintenant* de sa propre « tentation identitaire ».

Dans la présentation de ce recueil, deux ecclésiologies étaient mises en opposition. Après avoir lu ces témoignages, il est possible de dire que l'Église est sortie d'une confrontation entre deux ecclésiologies qui s'opposeraient terme à terme. L'enjeu consiste davantage dans la recherche de communautés signifiantes par les plus jeunes que dans l'adhésion à des ecclésiologies bien définies. Le livre signale que l'on n'est plus dans la confrontation à « une » ecclésiologie, mais dans des rapports différenciés à l'institution. En 1985, le durcissement des ecclésiologies, dans une logique binaire, n'a fait que signer l'arrêt de mort des ecclésiologies constituées. Il n'a fait qu'exacerber les frustrations et provoquer la « sortie de la religion » pour ne laisser comme alternative que l'« entrée » dans la nébuleuse des spiritualités. L'Église québécoise a été forgée par de grandes ecclésiologies, mais elle vit aujourd'hui d'utopies communautaires. Ces utopies n'ont toutefois pas trouvé d'incarnation dans le « pays réel » et les croyants ont ainsi été expulsés de lieux repérables pour vivre leur foi. Pour arriver à penser le lien entre les valeurs et l'action (Caroline Sauriol), il faut aujourd'hui prendre acte du « déclin » du régime d'institutionnalisation par l'Église[6]. En effet, si auparavant un programme institutionnel était celui qui « transform[ait] des valeurs et des principes en action et en subjectivité par le biais d'un travail professionnel spécifique et organisé[7] », il faut se demander comment les croyants peuvent y arriver, aujourd'hui, sans ces courroies de transmission et ces médiations. Le présent livre en appelle par conséquent d'autres où ces questions seraient posées par celles et ceux pour qui la foi en Jésus Christ est encore une interrogation vivante.

---

6 F. Dubet, *Le déclin de l'institution*, Seuil, 2002.
7 Voir Dubet, p. 24, et D. Hervieu-Léger, *Catholicisme, la fin d'un monde*, Bayard, 2003, p. 270.

Table des matières

13 Présentation (*Marco Veilleux*)

27 Assumer pleinement son statut de
    «dissident» (*Hélène Pelletier-Baillargeon*)

57 Que foi et intelligence s'embrassent!
    (*Jean-Philippe Perreault*)

83 Sans espérance on ne peut accueillir
    l'inespéré (*Jacques Grand'Maison*)

107 Une foi en quête de mots et de lieux
     (*Caroline Sauriol*)

135 Une Église en mal de réconciliation
     (*Élisabeth J. Lacelle*)

161 Dans la tourmente de ce temps… espérer
     (*Marco Veilleux*)

189 Postface (*Anne Fortin*)

Ce livre a été imprimé au Québec en mars 2008
sur du papier entièrement recyclé
sur les presses de l'imprimerie Gauvin.